Andreas Pittler

THEODOR KÖRNER

1873–1957

Andreas Pittler

THEODOR KÖRNER

1873–1957

EDITION WIENER BÜRGERMEISTER

Jakob Reumann (1853–1925)

Theodor Körner (1873–1957)

Cajetan Felder (1814–1894)

Karl Seitz (1869–1950)

Karl Lueger (1844–1910)

Impressum

Autor: Dr. Andreas Pittler

Coverfoto: © ÖNB/Bildarchiv Wien

Lektorat: scriptophil. die textagentur; Layout: Klara Keresztes, 1080 Wien;
Druck: Druckerei Holzhausen, 1140 Wien. ISBN 978-3-9502631-7-6.

INHALTSVERZEICHNIS

Einleitung

„Wer einige Jahre hindurch täglich neben ihm sein konnte, hatte das glückhafte Erlebnis, einer in ihrer Schlichtheit großartigen Persönlichkeit begegnet zu sein, und es vermittelte sich ihm auch die Erkenntnis, dass das Volk in freier Ausübung seiner Souveränität mit sicherem Instinkt würdige Vertreter an die Spitze des Staates zu stellen vermag."

Mit diesen Worten charakterisierte der langjährige Bundeskanzler Bruno Kreisky einen Mann, bei dem er selbst sich seine ersten politischen Sporen im Inneren der Macht verdient hatte. Theodor Körner, der „rote General", stand als Politiker der SPÖ sechs Jahre an der Spitze der Stadt Wien und diente anschließend weitere sechs Jahre als Oberhaupt der Republik.

Diese Laufbahn war ihm aber ganz und gar nicht in die Wiege gelegt worden. Sein Leben begann in einer Welt, in der man der Arbeiterklasse feindselig gegenüberstand. Wie sein Vater vor ihm wurde er kaiserlicher Offizier und stieg, zwischendurch gar geadelt, innerhalb eines Vierteljahrhunderts bis zum Generalstabschef auf. Doch die Welt des Militärs machte Körner nicht blind für die Nöte und Sorgen der Bevölkerung. Er fing an, sozialistische Literatur zu studieren, und stieß als Konsequenz seiner Lektüre im reifen Alter von fast 50 Jahren zur Arbeiterbewegung, der er fortan mit der gleichen Hingabe und demselben Pflichtbewusstsein diente wie als Jüngling der Monarchie. Zweimal wurde er seiner politischen Überzeugungen wegen inhaftiert – 1934 von den „Austrofaschisten", 1944 von den Nationalsozialisten. Und doch stellte er sich 1945 mit ungebrochener Energie der wiedererstandenen Republik zur Verfügung, um bis zu seinem Tod 1957 unermüdlich für Österreich zu arbeiten.

Theodor Körner war aber nicht nur ein politischer Repräsentant, er war vor allem ein politischer Kopf, einer, der sich zeitlebens Gedanken machte und diese auch zu Papier brachte. Der Theoretiker Körner mag heute weitgehend vergessen sein; seine Lebensführung zeigte jedenfalls eindrucksvoll, dass bei ihm Denken und Handeln immer eins waren. Und gerade dieser Authentizität verdankte er seine enorme Popularität weit über die Grenzen der eigenen Partei hinaus. Er war ein Bundespräsident, der mit der Straßenbahn fuhr, sich selbst seine Lebensmittel kaufte, sich sein Essen kochte, seine Wäsche wusch und bügelte. Körners moralische Autorität beruhte auf dem Umstand, dass er von niemandem etwas verlangte, was er nicht auch selbst jederzeit getan hätte.

Körner, der praktisch überall in der alten Monarchie zu Hause gewesen war, blieb innerlich stets mit dem Donauraum eng verbunden. Angesichts seiner eigenen Vergangenheit wiesen seine Schriften, Taten und seine Persönlichkeit in eine neue, gemeinsame europäische Zukunft, sodass er mit Fug und Recht als Wegbereiter einer europäischen Einheit in Frieden, Wohlstand und Demokratie gelten darf, womit der General wohl seinen bedeutendsten Sieg errungen hat.

Auf dem Weg ins Parlament: Karl Renner und Theodor Körner am 29. April 1945

Theodor Körner (oben rechts) mit Eltern und Geschwistern, 1870er-Jahre

LEBEN UND WERK

Jugend in der Provinz

Die mondäne Reichshaupt- und Residenzstadt Wien mit ihren prächtigen Redouten, beeindruckenden Kaffeehäusern und dem Glanz einer Metropole ist nur rund 160 Kilometer entfernt, und doch hat es in der kleinen, staubigen Garnisonsstadt Komorn (Komárom/Komárno) den Anschein, als befinde sich Wien auf einem anderen Planeten. Trist ist die Welt in dem Nest, in dem Theodor Körner am 24. April 1873 zur Welt kommt, und er hat sich auch noch die trostlosere Seite der Ansiedlung als Geburtsstätte ausgesucht. Durch Komorn fließt nämlich langsam und träge der mächtige Donaustrom auf seinem Weg durch die Slowakei und Ungarn in Richtung des Schwarzen Meeres und teilt das Städtchen in einen slowakischen und einen ungarischen Teil. Auf der slowakischen Seite befindet sich das eigentliche Stadtzentrum. Die mächtige Andreaskirche mit ihren beiden charakteristischen Türmen ist schon von Weitem zu sehen. Sie dominiert das gesamte Ortsbild und überragt selbst das Rathaus und das kleine Schloss um einiges. Komárno wird dieser Stadtteil von seiner slowakischen Bevölkerung genannt. Auch der Orden der Franziskaner hat sich auf dieser Seite der Donau niedergelassen, und wenn sich einmal Prominenz in dieser Provinz blicken lässt, dann sicher ebenfalls im slowakischen Teil. Sogar die Ungarn zieht es an das jenseitige Ufer der Donau, etwa den berühmten Schriftsteller Mór Jókai oder den Freiheitskämpfer Lájos Kossuth, später auch den Tondichter Béla Bartók.

Ob seiner zentralen Lage an der Donau war Komorn seit jeher ein wichtiger militärischer Stützpunkt, dessen

Bedeutung schon die alten Römer erkannt hatten, die an dieser Stelle das Lager „Celemantia" anlegten. Unter den Arpaden errichteten schließlich die Ungarn hier eine Festung, die bald den Namen „Komarum" (auf Ungarisch „Komárom") erhielt. Der Name soll auf das slawische Wort „Komar" zurückgehen, welches „Mücke" bedeutet, womit auch schon ziemlich klar umrissen ist, was diesen Ort außer seiner Trostlosigkeit noch auszeichnet: Im bitterkalten Winter wehen hier eisige Winde, im brütend heißen Sommer machen die Gelsen einem das Leben zur Plage.

Doch ihre strategische Bedeutung büßte die Stadt bis ins 19. Jahrhundert nicht ein. Was jahrhundertelang ein Bollwerk gegen die Türken gewesen war, diente den Habsburgern zur Stationierung von Artillerie und Kavallerie sowie mehrerer Infanteriedivisionen, um für den Fall des Falles gewappnet zu sein, denn wenn auch die Türken seit ihrer Niederlage gegen die Griechen und Serben geschwächt waren, so galt der Sultan in Konstantinopel immer noch als Gegner, den man nicht unterschätzen durfte. Die leitenden Organe der Armeeeinheiten saßen in verhältnismäßig modernen Kasernenbauten auf der – richtig! – slowakischen Seite der Stadt, während die einfachen Truppenteile in der mittelalterlichen Anlage auf der ungarischen Seite untergebracht waren.

Dort war auch Körners Vater, Hauptmann Theodor Karl Körner vom 4. k.u.k. Artillerieregiment, stationiert. Er war 1828 in Kratzau (Chrastava) bei Reichenberg (Liberec) in Nordböhmen als Sohn des Wundarztes Josef Anton Körner geboren worden, der durch die Erfindung einer Zugsalbe für Mensch und Tier Bekanntheit erlangt hatte. Theodor Karl sollte nach dem Willen des Vaters Kaufmann werden, da nach dessen Ansicht nur in der Wirtschaft Aufstieg und Wohlstand zu erwarten waren. Doch Theodor Karl hatte andere Ziele im Leben. Er ging zum Militär und nahm an den Feldzügen von 1848 und 1859 am italienischen sowie 1866 am preußischen Kriegsschauplatz teil. 1871 erhielt er für seine Verdienste das Hauptmannspatent und die Anweisung, in Komorn sein neues Kommando anzutreten.

Nun endlich konnte Theodor Karl Körner daran denken, eine Familie zu gründen. Doch die Bedingungen dafür waren im Habsburgerreich alles andere als gut. Wollte ein Offizier die Ehe eingehen, so hatte er eine Kaution zu hinterlegen, da Vater Staat ja im Kriegsfalle seine Witwe würde versorgen müssen und sich dies lieber vorab von seinen Soldaten entgelten ließ. Körner aber war arm wie die sprichwörtliche Kirchenmaus, und das galt auch für seine künftige Gattin, die Wirtstochter Karoline Fousek. Doch wenigstens wollte ihr Vater dem Tochterglück nicht im Wege stehen und nahm auf sein Gasthaus eine Hypothek auf, damit die beiden heiraten konnten.

Damit war freilich noch nicht alles gewonnen, denn die Zinsen, mit denen das Darlehen zurückgezahlt werden musste, fraßen den kargen Lohn des Hauptmanns praktisch völlig auf. Die Lage wurde umso prekärer, als 1872 Töchterlein Rosa und 1873 Sohn Theodor zur Welt kamen. Mehr noch als in jedem militärischen Regiment regierte im Hause Körner der Rechenstift, denn jeder einzelne Heller musste dreimal umgedreht werden, ehe man ihn ausgeben durfte. Der jungen Familie blieb allein die Hoffnung auf eine steile Karriere des Hauptmanns, denn für einen Oberst sah die Welt schon ganz anders aus.

Doch auch diese Hoffnung wurde jäh zerstört, als Körner 1876 bei einem Ausritt vom Pferd stürzte und sich

Theodor Körner (Mitte) in der Militär-Oberrealschule, Mährisch-Weißkirchen

Ungarische Truppen vor der Garnisonsstadt Komorn im August 1849
(Lithografie: Vinzenz Katzler)

schwer verletzte. Monate brachte er im Spital zu, der Körper wollte nicht genesen. Am Ende einer langen Siechenzeit dann das unerbittliche Urteil der Armeeführung: Hauptmann Körner galt nicht mehr als kriegsdienstverwendungsfähig und war, keine 50 Jahre alt, zu pensionieren. Das ohnehin kleine Gehalt nun noch einmal gekürzt, zudem aus der Dienstwohnung in der Garnison gekündigt, blieb der Familie, die kurz vor Körners Unfall 1874 noch um Sohn Richard angewachsen war, nur der Rückzug nach Kratzau, wo sie sich erneut in die finanzielle Abhängigkeit vom Schwiegervater begab.

Kratzau hatte nun außer der obligaten Kirche und dem Rathaus rein gar nichts zu bieten und wirkte noch trostloser als das Garnisonsstädtchen an der Donau. Nur für die drei Kinder war es ein Paradies. Felder, Wiesen und Wälder boten mannigfach Gelegenheit für Abenteuer: Der junge Theodor baute Baumhäuser, die ihnen zu Burgen wurden, und Laubhütten, die als Schlösser dienten. Mangels Vergleichsmöglichkeiten erschien ihnen selbst die karge Arme-Leute-Küche im Elternhaus als schmackhafter Leckerbissen, von dem sie sich reichlich nahmen. Und schließlich war da noch die Großmutter, die ihnen zwischendurch eine Kleinigkeit zusteckte.

Schon in diesen frühen Jahren zeigten sich die gänzlich unterschiedlichen Charaktere der drei Körner-Kinder. Richard, der tolldreiste Heißsporn, ging ohne viel nachzudenken jedes Wagnis ein und dachte dabei keine Sekunde an die Folgen, während Theodor als bedächtiger, planender Geist erst alle möglichen Konsequenzen durchging, ehe er handelte. Rosa wiederum entwickelte sich zum harmonischen Band zwischen den beiden; sie war stets darauf bedacht, Meinungsverschiedenheiten im Keim zu ersticken. So bildeten die drei eine innige Einheit und reiften im Schatten der böhmischen Provinz zu stattlichen jungen Menschen heran. In der Schule hatten Rosa und Richard durchaus gute Noten, aber Theodor überstrahlte beide, weil er letzten Endes doch mehr paukte als seine Geschwister, und so war es nicht verwunderlich, dass sich sein Talent bald im Städtchen herumsprach. Der kleine Körner, so hieß es, sei zu Höherem berufen, und auf die Frage, was er denn einst werden wolle, antwortete der Vorzugsschüler 1883: „Baumeister!"

Doch eine entsprechende Ausbildung konnten sich seine Eltern nicht leisten. Die einzige erschwingliche Bildungseinrichtung neben den kirchlichen war die Militärschule. Um seinen Sohn diesem Ziel näherzubringen, beschloss Vater Körner im Herbst 1884, eine Arbeit als Tagelöhner im Finanzministerium zu Wien anzunehmen, wo man solch niedrige Tätigkeit freilich mit dem Wort „Diurnist" zu behübschen wusste. So kam es, dass Theodor Körner im Alter von elf Jahren in die Hauptstadt des Reiches zog. Wien empfing die Körners gleichsam durch die Hintertür. Als sie am Nordwestbahnhof ankamen, wartete ebenso wenig jemand auf sie wie auf die anderen Hunderttausenden von Menschen, die im Laufe der Jahre aus Böhmen und Mähren ins Zentrum der Monarchie strebten. Solche Ankünfte standen Theodor Körner in seinem langen Leben noch öfter bevor. Doch nun, 1884, überwogen Neugier und Erstaunen ob der neuen Welt, die sich da vor seinen Augen auftat. Zu fünft bezog man in einer Zweizimmerwohnung an der Erdberger Lände Quartier, von wo aus Körner die nahe gelegene Realschule besuchte, die er 1888 als Jahrgangsbester absolvierte. Damit war endlich sein Platz an der Militärschule gesichert, und so verließ er mit 15 Jahren das Elternhaus, um sich in Mährisch-Weißkirchen zum Leutnant der Armee ausbilden zu lassen.

Dort hatte er gegenüber vielen Mitschülern einen grundlegenden Vorteil. Er war Enge, Entbehrung und Einfachheit von zu Hause gewohnt, weshalb es ihm leicht fiel, sich dem Regime, das an der Militärschule herrschte, unterzuordnen. Man schlief zu Dutzenden in riesigen, muffigen Schlafsälen, bis man – sommers wie winters – um Punkt sechs Uhr morgens aus den Betten gerissen wurde. Sogenannter Frühsport sollte den Appetit auf das karge Frühstück anregen, ehe es schon wieder ans Exerzieren ging. Danach wurde rudimentärer militärischer Lehrstoff gebüffelt – gerade genug, um nicht zu verblöden, aber zu wenig, um sich vertiefendes Wissen anzueignen oder vielleicht gar unangenehme Fragen stellen zu können. Und immer wieder militärischer Drill. Je weniger militärische Erfolge die habsburgische Armee einfuhr, umso mehr Wert legte sie auf vordergründige Disziplin und ein ordentliches Erscheinungsbild. Mochten die schmucken Uniformen auch zu den Klängen des Radetzkymarsches funkeln und glänzen, im Feld war den Kriegern des Kaisers jede Miliz turmhoch überlegen.

Das freilich ahnte der junge Körner noch nicht, der selbst die spärliche Freizeit – der Schultag endete erst um 21 Uhr – dazu nützte, seine Bildung zu vervollkommnen. Bald schon war er auch in Mährisch-Weißkirchen (Hranice na Moravě) wieder der Klassenprimus, den zudem nichts aus der Ruhe zu bringen vermochte. Wenn sich wieder einmal ein Mitschüler über eine Lappalie aufregte, zuckte Körner nur mit den Schultern und kommentierte den vermeintlichen Missstand mit einem lakonischen „Na und!“.

Militär-Oberrealschule in Mährisch-Weißkirchen

Reitunterricht an der k.u.k. Technischen Militärakademie Wien

Doch je tiefer Körner in die militärische Materie eindrang, desto deutlicher wurde ihm bewusst, dass an der Militärschule einiges falsch lief. Sinnloser Drill macht eine Armee nicht kampfstärker, denn der Soldat muss wissen, wofür er den Kopf hinhalten soll. Körners Gerechtigkeitssinn ließ ihn bald gegen sinnlose Schikanen aufbegehren, und so kam es sogar einmal zu einer Rebellion der Offiziersschüler, die, man glaubt es kaum, vom Primus persönlich angeführt wurde. Wegen einer Nichtigkeit war der Klasse der freie Sonntag gestrichen und durch einen Strafmarsch ersetzt worden. Körner, der diese Maßnahme als ungerecht empfand, forderte die Seinen auf, den Befehl des Korporals zu ignorieren, was diese auch ausnahmslos taten. Zur Strafe für diese „Insubordination", also Ungehörigkeit, wanderte Körner vier Tage in den Bau. Als man ihn danach fragte, was er aus der ganzen Sache gelernt habe, entgegnete er: „Engstirnigkeit, Sekkatur und Kleinlichkeit ist stets mit allen zu Gebote stehenden Mitteln zu bekämpfen." Schon damals also kündigte sich jener rebellische Geist an, der Körner später in die Reihen der Arbeiterbewegung führen und ihn zum leidenschaftlichen Sozialisten machen sollte.

Doch Körners Leistungen sprachen für sich. Trotz des beschriebenen Fehlverhaltens wurde er, nachdem er 1891 die Abschlussprüfungen als Jahrgangsbester absolviert hatte, zum Studium an der k.u.k. Technischen Militärakademie in Wien zugelassen, wo ihn eine Offiziersausbildung erwartete. Körner spezialisierte sich auf das Pionierwesen und wurde 1894 im Leutnantsrang als – wie hätte es anders kommen können – Jahrgangsbester ausgemustert. Als solcher durfte er sich die Garnison, in der er dienen würde, aussuchen, und er entschied sich für das Pionierbataillon Nr. 5 in Klosterneuburg. Auf diese Weise war er seinen Eltern nahe, die nun bereits die Last des Alters – immerhin war sein Vater mittlerweile über 70 – zu drücken begann. Inmitten der Klosterneuburger Kaserne bezog er ein Einzelzimmer, das für die nächsten Jahre sein Zuhause sein sollte.

In dem niederösterreichischen Ort erfuhr Körner den Soldatenalltag am eigenen Leib und erahnte allmählich, wie es seinem Vater 20 Jahre zuvor ergangen sein musste. Bei all seiner Begeisterungsfähigkeit für die unterschiedlichen Facetten des Dienstes wurde ihm doch alsbald bewusst, dass er bei den Pionieren karrieretechnisch in der Sackgasse steckte. So büffelte er fleißig weiter Militärtheorie und bewarb sich um die Aufnahme in den Generalstabskurs, die ihm 1897 auch genehmigt wurde. Damit hatte Theodor Körner im Alter von 24 Jahren die erste Sprosse auf der Karriereleiter genommen.

Der junge Offizier

Noch ehe für Theodor Körner die Routine des Schulalltags aufs Neue begann, wurde sein Name einer breiteren Öffentlichkeit in Wien bekannt. Im Sommer 1897 trat der Wienfluss über die Ufer und überschwemmte weite Teile der nach ihm benannten Stadt. Ende Juli spitzte sich die Lage zu. Im 15. Wiener Gemeindebezirk türmte sich jede Menge Treibgut, das der Fluss mit sich gerissen hatte und das kein Durchkommen fand, da der sogenannte Gassteg über die Wien im Weg war. Dort hatten sich Holzbohlen verkeilt und bildeten ein unüberwindliches Wehr für das nachdrängende Wasser. Schon begannen die Kaimauern einzufallen und die dahinter befindlichen Häuser wankten besorgniserregend. Leutnant Körner, der zur Krisenstelle gerufen wurde, hatte nur vier Mann bei sich, mit denen er das drohende Unglück verhindern sollte. Rasch verschaffte er sich einen Überblick. Ob der Wassermassen war es unmöglich, den Holzstoß durch menschliche Kraft allein zu beseitigen. Es musste schnell eine Entscheidung getroffen werden. Begleitet von einem Soldaten arbeitete sich Körner auf der bereits stark schwankenden Brücke vor. Er seilte seinen Begleiter mit bloßen Händen ab, ließ ihn eine Sprengladung am aufgestauten Holz anbringen und zog ihn wieder hoch. Dann schickte er den Soldaten zurück ans Ufer, peilte noch einmal die Lage, berechnete alle Faktoren und jagte die Sprengladung schließlich hoch. Wie von ihm vorhergesehen, fiel der Stoß in sich zusammen und das Wasser konnte wieder weiterströmen. Die Brücke und die umstehenden Häuser waren gerettet, Theodor Körner aus Komorn war der Held des Tages. Sein geistesgegenwärtiges Handeln kam sogar dem Kaiser selbst zu Ohren. In der umständlichen Sprache der damaligen Zeit hieß es da: „Seine k.u.k. Apostolische Majestät hat allergnädigst geruht, dem Leutnant Theodor Körner des Pionierbataillons Nr. 5 in Anerkennung für hervorragende Leistungen anläßlich des stattgehabten Hochwassers das Militärverdienstkreuz III. Klasse zu verleihen." Damit erhielt Körner seinen ersten Orden, und auch im Generalstab wusste man jetzt, welchen Rohdiamanten man in ihm hatte. Da verwundert es nicht weiter, dass Körner, mittlerweile zum Oberleutnant befördert, auch den Generalstabskurs mit „sehr gutem Erfolg" absolvieren sollte. Allerdings genügte ihm der Unterrichtsstoff im Kurs nicht. Sein Interesse galt nicht bloß der Strategie und Taktik, und so schlich er sich

Julius Latscher von Lauendorf

Agram (Zagreb) um 1900

Kaiser Franz Josef I. überquert die Alte Brücke in Mostar, 1910

abends in Zivilkleidern aus der Kaserne, um sich an der neu geschaffenen Volkshochschule auch zu sozialen, philosophischen und politischen Fragen Wissen anzueignen. Dieses Unternehmen barg durchaus seine Risiken, denn er verstieß damit gleich gegen mehrere Auflagen, denen Generalstabsoffiziere unterlagen. Doch Körner wollte auf keinen Fall ein Fachidiot werden. Ihn interessierte, was die Welt im Innersten zusammenhielt, und er, der sein Leben lang jede Form von Wissen begierig in sich aufsaugen sollte, wusste, dass nur der die Probleme der Zeit lösen konnte, der eben auf der Höhe derselben war.

Nach Abschluss der Generalstabsausbildung war es freilich auch mit den Kursen der Volkshochschule vorerst vorbei, denn Körner wurde Generalstäbler der 72. Infanteriebrigade in Agram, dem heutigen Zagreb. Dort herrschte nun wirklich die absolute Langeweile, der Dienst war reine Routine und konnte einen Tatmenschen wie Körner in keiner Weise befriedigen. Schon bald suchte er daher um Versetzung an und wurde 1901 Kommandant des Pionierbataillons in Theresienstadt (Terezín). Sein Oberbefehlshaber war Feldmarschallleutnant Julius Latscher von Lauendorf, der 1906 zum Landesverteidigungsminister avancieren sollte und dem Körner bereits anlässlich des Bravourstücks an der Wien positiv aufgefallen war. Noch ehe Körner allerdings seinen Dienst in Theresienstadt antrat, kam es zu einem für seinen Vater wohl überaus befriedigenden Schritt der kaiserlichen Verwaltung: In Anerkennung seiner Verdienste wurde Theodor Karl Körner im November 1900 in den erblichen Adelsstand erhoben und durfte sich fortan Theodor Körner Edler von Siegringen nennen. Der Titel ging automatisch auch an seine beiden Söhne. Für Richard war dies ein Anlass, das Adelsprädikat umgehend seiner Dienststelle zu melden, weshalb er im Militär-Schematismus des Jahres 1901 auch als „Körner, Richard Edler von Siegringen, Hauptmann" aufscheint. Darunter findet sich die Zeile „Körner, Theodor, Hauptmann". Dieses Faktum sorgte sofort für wilde Gerüchte in der Armee. Wurde Theodor junior aufsässig? War er heimlich Republikaner geworden? Warum blieb er im Gegensatz zu seinem Bruder ein „Gemeiner", wie man damals Nichtadelige nannte? Die Antwort war einfach: Für Theodor Körner hatte die Erhebung in den Adelsstand keine Bedeutung, weshalb er es schlicht verabsäumte, darüber Meldung zu erstatten. Auf seinen verwaltungstechnischen „Fehler" aufmerksam gemacht, korrigierte er diesen lakonisch und wird sich dabei, wie wir es von ihm kennen, „Na und" gedacht haben. Doch seinen Spitznamen behielt er bis ans Ende der Monarchie: Er blieb „der gemeine Körner".

In Theresienstadt tat er sich als umsichtiger Kommandant hervor, der beständig höchste Belobigungen erhielt. Auch erwies er sich als ausgezeichneter Sportler und trat unter anderem als erfolgreicher Distanzreiter in Erscheinung, etwa beim Rennen Bielitz (Bielsko)–Mährisch-Weißkirchen–Wien. Nebenbei bezwang er auch so manchen Berg, so es ihm seine knapp bemessene Freizeit erlaubte.

1906 wurde sein Mentor Landesverteidigungsminister, und es war wohl dessen Initiative zu verdanken, dass Körner ins Landesverteidigungsministerium berufen wurde. Ab 1904 bestand seine Aufgabe darin, die kaiserlich-königlichen Truppen mit Feldtelegrafen und Feldtelefonen auszustatten. Wie erfolgreich er diese Arbeit erledigte, zeigte sich bei Ausbruch des Krieges, denn so rückständig und veraltet die Armee der Monarchie sonst sein mochte, in puncto Feldtelefonie waren die Österreicher den

Deutschen weit überlegen. Körner arbeitete in besagtem Bereich übrigens mit einem merkwürdigen, eigenbrötlerischen Oberst aus Galizien zusammen, dessen Verhalten bald so manchem spanisch vorkam. In der Tat sollte dieser Mann, Alfred Redl, 1913 als russischer Spion enttarnt werden.

1913 war Körner freilich schon lange nicht mehr im Kriegsministerium. So sehr ihn die Arbeit dort faszinierte, wollte er doch wieder zurück in die Praxis. Daran änderte auch der Umstand nichts, dass er 1908 als zweiter „niederrangiger" Offizier den „Orden der Eisernen Krone" erhielt, der normalerweise nur Kommandeuren zuerkannt wurde. Die Monarchie ehrte damit den Fleiß eines Mannes, der konsequent zu Ende brachte, was er anpackte. Für seinen Förderer Julius Latscher war dies einer der letzten schönen Höhepunkte seiner Karriere; wenig später verstarb er. Körner stand der Witwe Latschers in dieser schweren Stunde bei, und über die Jahre entwickelte sich zwischen den beiden eine immer innigere Freundschaft, die ein Jahrzehnt später darin mündete, dass Körner zu ihr zog. Bis zu ihrem Tod 1944 blieben die beiden eine Art Paar, wenngleich es Körner verstand, sein Privatleben auch strikt privat zu halten, sodass alles, was über ihn und Antoinette Latscher gesagt werden könnte, im Bereich der Spekulation bliebe.

Vorerst aber rückte Körner wieder in die Kaserne ein. Er wurde Generalstabschef der 19. Infanteriedivision, die im bosnischen Mostar stationiert war. An diesem Krisenherd blieb er bis 1910. Die Spannungen am „Pulverfass Balkan" waren damals schon allerorten zu spüren, zumal sich vor allem die Südslawen in der Monarchie gegenüber den Deutschsprachigen und den Ungarn benachteiligt fühlten (wie übrigens auch die anderen Slawen, die Tschechen und

Oberst Theodor Körner, 1915

die Polen). In Bosnien hätten viele – vor allem die Serben – ihr Land lieber an Serbien angeschlossen gesehen als an die Habsburgermonarchie, und so hatte Körner vor Ort alle Hände voll zu tun, die Gemüter inner- und außerhalb der Armee ruhig zu halten. Einmal mehr wusste man seine Verdienste zu schätzen, und so wurde Körner 1910 zum Major befördert. Damit ging die neuerliche Rückkehr nach Wien einher, wo er wenig später ein weiteres Mal in ein Klassenzimmer einrückte, diesmal allerdings als Lehrer. Körner unterrichtete an der k.u.k. Kriegsschule künftige Generalstäbler, womit eine wechselvolle Karriere, wie es schien, in ruhigere Bahnen gelenkt war. Wenn er auch 1913 zum Oberstleutnant avancierte, so deutete doch nichts darauf hin, dass Körner noch die Spitze der Armee erklimmen würde, von der Politik ganz zu schweigen.

Da fielen im Juni 1914 die Schüsse von Sarajevo. Serbische Patrioten nutzten einen Besuch des Thronfolgers Franz Ferdinand, um ein Attentat auf diesen zu verüben. Der vermeintliche nächste Kaiser und seine Frau erlagen ihren Schussverletzungen, und Österreich-Ungarn, das Serbien für den Mordanschlag verantwortlich machte, rüstete zum Krieg.

Was Wien dabei jedoch übersah, war das komplizierte Bündnissystem, das sich in den Jahren vor 1914 entwickelt hatte. Real standen einander in Europa zwei gewaltige Blöcke gegenüber: Österreich-Ungarn, Deutschland, Bulgarien und das Osmanische Reich auf der einen Seite; Frankreich, Großbritannien, Russland, Serbien und später Italien auf der anderen Seite. Was von den Habsburgern als kleiner, lokaler Krieg geplant war, artete schnell in ein Massenschlachten aus, das unter der Bezeichnung Erster Weltkrieg in die Geschichte eingegangen ist.

Im Krieg

Natürlich aktivierte die k.u.k. Armee sofort alle verfügbaren Offiziere, darunter auch Oberstleutnant Theodor Körner, der zunächst Pionieraufgaben in Bosnien wahrnahm, ehe er Ende 1914 als Generalstäbler nach Peterwardein (Petrovaradin) im heutigen Novi Sad versetzt wurde, wo er die strategischen Maßnahmen der österreichischen Balkantruppen koordinieren sollte. Das war auch bitter nötig, denn die Österreicher hatten sich in ihrem Krieg gegen die Serben gründlich verkalkuliert. Davon, dass Belgrad im Sturm genommen wird und Serbien binnen weniger Tage kapituliert, konnte keine Rede sein. Denn die Serben wehrten den Angriff nicht nur ab, sie gingen sogar zum Gegenangriff über. Erst Körners ordnendes Eingreifen sorgte für ein Ende der nachgerade panischen Flucht der österreichischen Soldaten. Doch kaum hatte Körner am Balkan den Männern ein klein wenig Ruhe verschafft, wartete schon die nächste Aufgabe auf ihn: Italien war in den Krieg eingetreten und marschierte gegen Südtirol. In aller Eile wurde eine neue Armee zusammengestellt, deren Generalstabschef niemand anderer war als Theodor Körner. Um ihm sein Himmelfahrtskommando schmackhaft zu machen, beförderte man ihn flugs zum Oberst.

Die Lage am Isonzo war, gelinde gesagt, katastrophal. Die Einheiten waren dem italienischen Sperrfeuer schutzlos ausgeliefert. Verzweifelt krallten sie sich an irgendwelchen Berghängen fest und waren letzten Endes nicht mehr als schiere Schießscheiben für die italienischen Geschütze. Inmitten all des Getöses tauchte plötzlich ein bärtiger Mann in der vordersten Linie auf. Er trug Reitstiefel, eine Uniformhose und einen irischen Wollsweater über der

Uniformjacke, der seine Abzeichen verdeckte. Ohne auf die pfeifenden Kugeln zu achten, hockte er sich zu den Männern und erkundigte sich, was sie benötigten. Penibel schrieb er alles auf, nickte ab und zu, wiegte hie und da skeptisch den Kopf und versicherte am Ende der Unterhaltung, das Notwendige zu veranlassen. So unauffällig, wie er gekommen war, so unauffällig verschwand er auch wieder. Erst später erfuhren die Soldaten, dass niemand Geringerer als der Generalstabschef höchstselbst in ihren Schützengräben hatte wissen wollen, wie er ihnen helfen konnte.

Körner erarbeitete sich binnen kürzester Zeit einen nachgerade legendären Ruf. Wo immer er auftauchte, stieg sofort die Moral, und selbst in Wien blieben seine Hasardmanöver nicht unbemerkt. Bereits um vier Uhr morgens rückte er aus, nahm lässig neben dem Fahrer im Wagen Platz – und nicht, wie man es von einem Spitzenmilitär erwartet hätte, im Fond – und teilte in den wenigen Pausen seine Generalstabsration brüderlich mit dem ihm zugewiesenen Chauffeur. Kein Wunder, dass dieser ihm auch viele Jahre später noch, als Körner Bundespräsident war, die Treue hielt. Sah Körner unterwegs erschöpfte Soldaten, so ließ er Semrad, den Fahrer, halten und die Männer aufsitzen. Die dankten es dem „Kameraden" und ahnten wohl bis zuletzt nicht, wer sie da eben mitgenommen hatte. Elf Angriffe konnte Körner am Isonzo abwehren, doch bald war ihm klar, dass diese Auseinandersetzung für die Monarchie nicht gewonnen werden konnte. Er erkannte, dass die Opfer, die in diesem Völkerringen dargebracht wurden, ganz unabhängig vom Ausgang der Schlacht in jedem Fall zu hoch sein würden: „Krieg ist Krieg. Ob man erstochen, erschlagen, erschossen oder vergiftet wird – er ist rohe und nackte Gewalt, Faustrecht und unabsehbarer Tod. Also

Inspektionsreise Kaiser Karls I. (Mitte) an der italienischen Front 1917 (Theodor Körner 3. von rechts)

Frontlinie über den Wolken: Geschützstand auf der Rattendorfer Alm , 1916

muss der Krieg als Mittel zur Auseinandersetzung zwischen den Staaten und Völkern abgeschafft werden.“ Mit solchen Aussagen machte er sich im Kriegsministerium freilich keine Freunde – wohl aber woanders.

Körner wollte wissen, wie andere über diesen Krieg dachten, und verließ sich nicht mehr auf die Aussagen der Heeresleitung. Heimlich begann er die „Arbeiter-Zeitung“ der oppositionellen Sozialdemokraten zu lesen, in der er viele seiner Standpunkte bestätigt fand. Jene Annäherung, deren zarter Keim knapp 20 Jahre zuvor beim Besuch von Volkshochschulkursen in Körner gesprossen war, wurde nun immer konkreter und intensiver. Die Ignoranz des Oberkommandos ließ ihn mehr und mehr an der Sinnhaftigkeit seines Tuns zweifeln. Als ihm eines Tages ein Leutnant Meldung erstattete, forderte Körner ihn auf, gefälligst Deckung zu nehmen. Als dieser darauf entgegnete, der Oberst sei ja selbst nicht in Deckung, meinte Körner nur, Oberste gebe es ohnehin viel zu viele, aber gute Leutnants seien rar gesät.

Durch seine regelmäßige Zeitungslektüre auch politisch gut informiert, wusste er gleich, dass der Krieg endgültig verloren war, als im Frühjahr 1917 die USA aufseiten der Italiener, Franzosen und Briten in den Krieg eintraten. Zwar verschaffte der Zusammenbruch des Zarenreiches den Deutschen und Österreichern noch einmal eine Atempause, doch spätestens im Sommer 1918 war für jeden klar ersichtlich, dass die sogenannten Mittelmächte gegen die gewaltige technische Überlegenheit der Amerikaner den Kürzeren ziehen würden. Just in dieser Situation erhielt Körner das Angebot, Chef des Präsidialbüros in Wien zu werden. Doch für ihn wäre die Annahme des

Angebots einer Desertion gleichgekommen. Wie konnte er es mit seinem Gewissen vereinbaren, sich selbst in die sichere Etappe zu retten, wenn die ihm anvertrauten Soldaten weiter sinnlos für eine verlorene Sache verbluteten? Entschlossen lehnte er ab und verbat sich jede weitere Initiative in diese Richtung. Ähnlich verhielt er sich, als ihm der Heeresgruppenkommandant Svetozar Boroëvić vorschlug, ob seiner Verdienste um den Militär-Maria-Theresien-Orden einzukommen, mit dem eine Baronie samt ansehnlicher Leibrente verbunden war. Auch diese Empfehlung widersprach Körners Gerechtigkeitsgefühl zutiefst. Der einfache Soldat, zum Krüppel geschossen, musste ein Bettlerleben führen, während er, Körner, sich fürstlich belohnen lassen sollte? Es waren Vorstöße wie diese, die Körner der Monarchie endgültig entfremdeten. Später erinnerte er bei einer Rede vor Schweizer Publikum daran, dass die Eidgenossen einst die Habsburger aus dem Land geworfen hätten – ein Beispiel, dem Österreich leider viel zu spät gefolgt sei.

Wenn Körner selbst die Kampfhandlungen auch unverwundet überstand, so blieb der Krieg für ihn doch nicht ohne Verluste: 1915 fiel sein Bruder Richard, 1917 starb in Wien sein Vater. Knapp ein Jahr später kapitulierte Österreich-Ungarn. Körner erhielt Order, die Reste seiner Armee zurück nach Österreich zu führen, wozu er die Truppen quer durch ein Territorium geleiten musste, das nun Teil des neuen Staates der Jugoslawen war. Die neu formierte südslawische Armee wollte den Österreichern den Durchzug nicht gestatten, doch Körner bewies, dass er auch als Verhandler Talent hatte. Schließlich expedierten die Jugoslawen die österreichischen Einheiten in einem eigenen Zug nach Wien, wo Körner an einem nasskalten Novemberabend 1918 eintraf. Einmal mehr wartete niemand auf ihn.

Körner wusste, dass er sein Leben auf eine völlig neue Grundlage stellen musste. Sein erster Weg führte ihn zu Julius Latschers Witwe in die Mahlerstraße, wo er bis 1945 wohnen sollte, der zweite zur Mutter, und der dritte ins Sekretariat der Technischen Hochschule am Karlsplatz. Schon als kleiner Junge hatte er Baumeister werden wollen. Jetzt, mit 45, fühlte er sich noch nicht zu alt, um noch einmal von vorne zu beginnen. Er war wild entschlossen, Vermessungstechnik zu studieren. Doch da erreichte ihn der Ruf der neuen demokratischen Regierung.

Die Habsburger wurden Anfang November 1918 sang- und klanglos von der Staatsspitze gejagt; am 12. November 1918 wurde in Wien die Republik ausgerufen. Federführend waren die bislang oppositionellen Sozialdemokraten, die mit Karl Seitz das Staatsoberhaupt, mit Karl Renner den Regierungschef, mit Otto Bauer den Außen- und mit Julius Deutsch den Heeresminister stellten. Und just dieser Julius Deutsch wollte den bekanntermaßen rebellischen Körner in seinem Team haben. Ob er, Körner, sich vorstellen könne, Leiter des Präsidialbüros zu werden? Körner, der ebendiesen Posten in der Monarchie abgelehnt hatte, erbat sich Bedenkzeit. Kann man das Volk in seiner Not im Stich lassen? Darf man wirklich das eigene über das Gemeinwohl stellen? Gerade in jener Stunde, so befand Körner, musste man sich einbringen und beweisen, dass die eigenen Anschauungen nicht nur eitle Phrasen waren. Körner nahm also an und wurde im Gefolge der Wahlen vom Februar 1919 ranghöchster Beamter des neuen Staatsamtes für Heerwesen, wie das Kriegsministerium nun hieß. Schon im November 1918 stellte er abermals seinen

Julius Deutsch, Staatssekretär für das Heerwesen, berief
Theodor Körner 1919 zum Leiter seines Präsidialbüros

Körner und Deutsch bei einer Feier in Wien-Floridsdorf, um 1928

Sinn fürs Praktische unter Beweis: Das unbeschreibliche Elend, das in Wien nach der Kapitulation herrschte – vor allem der Mangel an Nahrungsmitteln war erdrückend –, wusste Körner dadurch zu lindern, dass er die Lager der Armee öffnen und deren Bestände an die hungernde und Not leidende Bevölkerung verteilen ließ.

An der Wiege des neuen Österreich

Seine Hauptaufgabe sah Körner in den nächsten Monaten vor allem darin, eine wirklich neue, im Gegensatz zu jener der Doppelmonarchie demokratische Armee aufzubauen. Es habe gegolten, so hielt er in einem seiner Memoranden fest, die richtige soziale und politische Lösung zu finden, um das Heer demokratisch zu erziehen und nicht volksfremd werden zu lassen. Dazu sei es nötig gewesen, die militärfachliche Ausbildung mit einer echten Volksbildung zu verbinden und so in striktem Gegensatz zu allfälliger Söldnermentalität ein Volksheer von bewussten Demokraten zu schaffen. Gerade im Lichte seiner persönlichen Erfahrungen und der Ursachen, die zum Niedergang des Habsburgerreiches geführt hatten, wollte Körner die neue bewaffnete Macht zu einem Bollwerk der Verteidigung demokratischer und sozialer Errungenschaften der neuen Republik ausbauen. So verwundert es nicht, dass er schnell in Konflikt mit den restlichen monarchistisch und deutschnational durchsetzten Offizierskreisen geriet.

Vor allem seine Initiative, den einzelnen Truppenteilen Bildungsreferenten zuzuteilen, stieß auf heftigen Widerstand. Am vehementesten bekämpfte das Bundesland Kärnten diesen Plan. Der dortige Landeskommandant und spätere reaktionäre Politiker Ludwig Hülgerth ereiferte sich dabei besonders ob des Umstands, dass der Bildungsreferent für Kärnten kein Kärntner sei. Man brauche, so Hülgerth, in Kärnten keine „gänzlich landfremden Personen", sondern habe genug „fähige Köpfe", welche die „Kärntner Verhältnisse" kennen würden. Körner ließ sich durch solche Töne nicht aus der Fassung bringen und hielt an seinem Konzept fest, zumal Bildung in seinen Augen das brennendste Bedürfnis in Österreich war: „Wir haben wohl eine demokratische Verfassung, doch kein vollreifes Volk zur Demokratie. Das Volk zur Selbstregierung zu erziehen, erscheint mir als die wichtigste Aufgabe aller." Denn, so Körner weiter, „Demokratie ist eine Aufgabe. Demokratische Überzeugung will erarbeitet sein, sie fliegt nicht von alleine zu."

Als aktiver Frontoffizier hatte Körner selbst erlebt, wie die Kampfmoral von Truppen dahinschwand, wenn die Soldaten nicht einsahen, warum sie für ein Ziel, das nicht das ihre war, bluten sollten. Dem einfachen Wehrmann konnte man nur dann das Äußerste abverlangen, wenn er genau wusste, wofür er zur Waffe griff. Die Verteidigung des eigenen Heims, der eigenen Errungenschaften und des eigenen Volkes, so argumentierte Körner, sei das einzige legitime Ziel, für das man eine Armee in Marsch setzen dürfe. Der einzelne Soldat müsse durch geeignete Bildungsmaßnahmen lernen, solche Zusammenhänge selbst zu erkennen, um in der Folge eigenständig und bewusst handeln zu können.

Mit diesen Idealen reihte sich Körner in ein beispielloses Reformwerk ein, das vor allem von den Sozialdemokraten im Gefolge der Republikgründung betrieben wurde. Unter der Federführung von Sozialminister Ferdinand Hanusch bekam die Arbeiterschaft endlich Anteil am Gewinn der nationalen Wirtschaftsleistung. So wurde die Kranken- und Pensionsversicherung eingeführt, der Acht-Stunden-Arbeitstag und ein gesetzlicher Mindesturlaub wurden durchgesetzt. In den Betrieben sollten fortan eigene, von der Belegschaft gewählte Betriebsräte dafür sorgen, dass die Anliegen der Arbeiter gehört werden. Und endlich kam auch in Österreich ein wirklich gleiches Wahlrecht, durften im Februar 1919 doch erstmals auch Frauen an die Urnen schreiten. Dass die Sozialdemokraten mit diesem Programm den Bürgerinnen und Bürgern aus der Seele sprachen, zeigte sich am Wahlergebnis: Die Sozialdemokraten wurden stärkste Partei im Parlament.

Doch sie verfehlten die absolute Mehrheit und waren gezwungen, mit ihren großen Gegenspielern, den Christlichsozialen, eine „Große Koalition" einzugehen. Diese verfolgte vor allem zwei Ziele: Zum einen galt es, bei den Friedensverhandlungen in St. Germain nicht als Alleinschuldiger am Weltkrieg dargestellt und zu horrenden Wiedergutmachungsleistungen verurteilt zu werden, zum anderen musste der Alltag in dem neuen Staat so organisiert werden, dass Österreich auch in Zukunft lebensfähig wäre. Denn der Krieg hatte Österreich von einem Riesenreich zu einem Zwergstaat werden lassen, an dessen Lebensfähigkeit viele zweifelten. Wien, die Reichshaupt- und Residenzstadt der Doppelmonarchie, war jahrzehntelang mit böhmischer Energie und ungarischen Lebensmitteln versorgt worden; beides blieb nun aus, da die Tschechoslowakei und Ungarn als eigenständige Staaten die Lieferungen von Gütern eingestellt hatten. In „Rest-Österreich" gab es kaum Industrie, viel zu wenige Arbeitsplätze und nicht genug Nahrung. Kein Wunder also, dass nicht wenige den

Rote Garde (später Teil der Volkswehr), Wien 1918

Ferdinand Hanusch

Verteidigungsminister Carl Vaugoin

Anschluss an Deutschland wollten, um (wieder) Teil eines größeren Ganzen zu sein. Doch die Siegermächte verboten diese Vereinigung der beiden Hauptverlierer des Krieges, und Österreich musste alleine sehen, wie es zurechtkam. Da waren die harten Bedingungen des Friedensvertrages von St. Germain nicht gerade hilfreich. Die allgemeine Euphorie, die allem Mangel zum Trotz noch bis zum Sommer 1919 vorherrschte, wich einer breiten Resignation, von der vor allem die Christlichsozialen profitierten. War bis zum Sommer 1919 die Errichtung eines Rätestaates nach dem Vorbild der 1917 von den Kommunisten in Russland errichteten Union als reale Alternative zur bürgerlich-parlamentarischen Republik erschienen, wie sie auch die Bayerische und die Ungarische Räterepublik angedeutet hatten, so bekamen die Christlichsozialen nach dem Abebben der revolutionären Welle wieder Aufwind und strebten unverhohlen eine politische Wende an. Zwar gelang es den Sozialdemokraten noch, eine ziemlich fortschrittliche Verfassung durchzusetzen, die dem Ideal einer sozialen Republik gleicher Bürger recht nahe kam, doch die bürgerliche Gegenseite setzte alles daran, das Dokument möglichst schnell und gründlich auszuhöhlen. Im Sommer 1920 ließen die Christlichsozialen die Koalition platzen und bildeten nach den Neuwahlen eine Koalitionsregierung mit den Deutschnationalen, während die Sozialdemokraten über Nacht auf die Oppositionsbank verbannt wurden.

Den neuen Wind von rechts verspürte auch Körner, dessen Reformbestrebungen mit einem Mal von ganz oben blockiert werden. Da man dem untadeligen Offizier jedoch nichts am Zeuge flicken konnte, beschlossen die Konservativen, ihn von seiner zentralen Stelle im Ministerium „wegzuloben". Der christlichsoziale Minister Carl Vaugoin ernannte Körner zum Heeresinspektor und stellte damit sicher, dass dieser seinen Kurs nicht fortsetzen konnte.

Ab sofort verbrachte Generaloberst Körner seine Zeit mit Inspektionsreisen und musste tatenlos zusehen, wie sein Werk Stück für Stück demontiert wurde. Kein Wunder, dass ihm darüber mitunter die Galle hochstieg. Besonders offensichtlich wurde dies während eines Besuchs in Bruck an der Mur, der als „Trostkasernenaffäre" in die Annalen eingegangen ist: Gleich zu Beginn seiner Visite wurde Körner von einem Major empfangen, der stolz seine Kriegsdekorationen an der Brust trug. Körner schüttelte nur den Kopf und murmelte etwas von „Kinkerlitzchen". Als man ihm zunächst nicht die Unterkünfte der Mannschaften, die Menage und das Arbeitsgerät der Soldaten zeigen wollte, sondern ein neu errichtetes Heldendenkmal, meinte er nur: „Ach hören Sie mir auf mit diesem Heldenkoller!" Und schließlich sagte er dem Brigadekommandanten, der sich mit dem Eisernen Kreuz schmückte, ebenso könne ein Soldat den Sowjetstern tragen. Kein Wunder, dass die reaktionären Kreise in Körner einen „roten General", wenn nicht gar einen verkappten Bolschewiken sahen. Körners Position war im Bundesheer immer unhaltbarer, da er als Beamter dem Minister weisungsunterworfen war und diesem daher nicht offen entgegentreten konnte. Doch Körner zeigte sich wild entschlossen. Er ließ sich nicht entmutigen und entwickelte eine rege publizistische Tätigkeit, in deren Rahmen er immer wieder auf sein politisches Credo zurückkam. Damit erwies er sich als Stachel im Fleisch der Reaktionären, die verzweifelt nach einem Weg suchten, sich des lästigen Mahners zu entledigen.

Schließlich blieb Vaugoin nichts anderes übrig, als den gesamten Jahrgang 1873 pensionieren zu lassen, um damit auch Körner aus dem Amte zu drängen. Ironischerweise wurde Körner mit dem Tag seiner Versetzung in den Ruhestand noch zum General befördert, wohl in der Hoffnung, die substanziell höhere Pension werde ihn zum Schweigen bringen. Doch wieder einmal hatte man Körner grundlegend falsch eingeschätzt. Der wollte nun, aller dienstlichen Verpflichtungen ledig, seinen Kampf für eine demokratische und soziale Gesellschaft erst recht mit vollem Eifer vorantreiben. Konsequenterweise trat er in die Sozialdemokratische Partei ein und stellte sich deren Gliederungen als Aktivist zur Verfügung. Damit war Körner genau dort gelandet, wo ihn seine Gegner ohnehin schon längst vermutet hatten: in den Reihen der organisierten Arbeiterschaft.

In der Politik

Die Arbeiterschaft ihrerseits wusste Körners Bereitschaft zur Mitarbeit sehr zu schätzen. Bereits im Februar 1924 entsandte der Wiener Landtag, in dem die Sozialdemokraten eine überwältigende Mehrheit hatten, Körner in den Bundesrat, die zweite Parlamentskammer, wodurch Körner seine politische Auseinandersetzung mit Minister Vaugoin nun auf Augenhöhe fortsetzen konnte. Nebenbei engagierte er sich bei den Naturfreunden und beim WAT, dem Wiener Arbeiterturnverein, wo er endlich wieder seinen alten Hobbys frönen konnte. Gerne unternahm er mit Arbeiterinnen und Arbeitern lange Wanderungen durch die Wälder Österreichs, und es wäre nicht Körner gewesen, hätte er diese Märsche nicht auch eifrig zu politischen Diskussionen genützt. Mitunter nahm sein „Aufbauwerk“

nun sogar ganz reale Konturen an; so griff er kurzerhand selbst zu Krampen und Spaten, um aktiv an der Errichtung der Skisprungschanze am Cobenzl mitzuwirken. Auch so manche Hütte der Naturfreunde steht heute noch als Zeugnis seines Wirkens, womit Körner, wenn auch gänzlich anders als einst geplant, doch noch zum „Baumeister" geworden ist.

Aber das Österreich von Mitte der 20er-Jahre war nicht mehr jenes von 1919. Überall befand sich die politische Rechte auf dem Vormarsch, und sie war wild entschlossen, ihre Gegner auch mit Mitteln nackter Gewalt zu bekämpfen. Dazu bildete sie paramilitärische Einheiten, die bald unter dem Namen „Heimwehren" für Furcht und Schrecken sorgten – ein Haufen disziplinloser Raufbolde, für die Prügel das einzige Argument in einer Auseinandersetzung darstellten. Sie ließen unverhohlen erkennen, dass sie die Demokratie umgehend abschaffen wollten und nach einem autoritären Führerstaat strebten, wie er im Italien des Faschistenführers Benito Mussolini schon Realität war. Die Sozialdemokratie schwang sich zur Verteidigung der demokratischen Errungenschaften auf und bildete eine eigene Truppe, die konsequenterweise „Republikanischer Schutzbund" genannt wurde. Was lag da näher, als den pensionierten General Theodor Körner in dessen Leitung zu berufen?

An der Spitze des Schutzbundes stand der ehemalige Major Alexander Eifler, der das Konzept einer „Gegenarmee" zur bewaffneten Macht der Reaktionären vertrat. Ging es nach ihm, dann würde sich die proletarische Truppe dem Widersacher in offener Schlacht entgegenstellen. Körner hielt dieses Konzept für gefährlichen Humbug. Weder erschien es strategisch erfolgversprechend, mit einer möglichst großen Masse an begeisterten, aber

Theodor Körner bei der Arbeit an der Skisprungschanze am Cobenzl, um 1930

Heimwehraufmarsch in Wiener Neustadt, 1928

unausgebildeten Arbeitern einer Berufsarmee entgegenzutreten, noch konnte man ernsthaft auf einen Erfolg hoffen, wenn man sich in die Gemeindebauten zurückzog und dort einen Stellungskrieg wie in den Schützengräben des Ersten Weltkriegs begann; zudem wären dadurch Frauen und Kinder sinnlos gefährdet worden. Anstelle eines auf dem gleichen Kadavergehorsam wie beim Bundesheer aufbauenden Truppenkörpers brauche es daher einen politisch bewussten Kern von entschlossenen Kaderleuten, so Körner, deren Organisation im Gewaltfall durch ein Vielfaches an freiwilligen Arbeitern verstärkt würde: „Demgemäß wäre dieser Kader nichts anderes als der geistige Träger der gesamten Organisation, das heißt, derjenige Teil des Proletariats, der dem Gesamtproletariat immer zum Bewusstsein bringen soll, daß es unter Umständen notwendig ist, für die Ideale des Sozialismus auch mit der Waffe in der Hand zu kämpfen.“ Sich – wie von Eifler angestrebt – auf die rein numerische Überlegenheit, also gleichsam auf ein Wettrüsten, zu verlassen, sei töricht, da dabei die Staatsgewalt naturgemäß immer im Vorteil bleiben werde. Vor allem im Lichte der Erfahrungen des Juli 1927, da die Reaktionisten eine Arbeiterdemonstration vor dem Justizpalast zusammengeschossen hatten, was 89 Tote und rund tausend Verletzte zur Folge gehabt hatte, warnte Körner eindringlich vor Eiflers Konzept: „Noch niemals in der Geschichte hat das Volk einen wirklichen Sieg über das Militär im Straßenkampf errungen. Immer haben andere Umstände mitgewirkt, die das Versagen der regulären Gewalt eines Staates bei einer Revolution verursachten. Offener Straßenkampf irregulärer Kräfte gegen organisierte reguläre Gewalt ist daher von Haus aus auszuschalten. Immer wird es sich im Bürgerkrieg, im Kampf gegen das

Militär oder gegen gut organisierte reaktionäre Gewalten darum handeln, die Truppen zu zermürben, durch moralische Einflüsse, durch ständige Beunruhigung, durch Ermüdung, durch Verwirrung, durch Erschöpfung, durch Verhinderung einheitlicher Leitung, Erschwerung der Befehlsgebung, durch Reibungen bei der Verpflegung, moralische Ängstigung und dergleichen. Die militärischen Führer müssen den Kopf verlieren, die Truppe muss zersetzt werden. Damit ist klar ausgesprochen: Es kommt nicht darauf an, dieselben Kampfmittel anzuwenden, wie sie die regulären Kräfte haben. Wenige, aber sicher, verlässlich und geschickt angewendete Waffen in den Händen entschlossener Menschen genügen. Den Schutzbund zu regulärem Kampf ausbilden zu wollen ist undurchführbar. Auf was es ankommt, ist, alle in der Masse schlummernden Kräfte aufzuwecken, zusammenzufassen und zu organisieren, alle möglichen Fälle durchzudenken und durchzuschulen, um Selbständigkeit, Selbsttätigkeit, Selbstbewusstsein und damit Sicherheit in Bürgerkrieg und Kampf zu erzielen."

In Bezug auf eine Situation, wie sie 1934 Realität werden sollte, plädierte Körner für eine Offensivstrategie kleiner, schwer fassbarer Kader, die blitzschnell zuschlagen und sich ebenso schnell wieder zurückziehen sollten, um sodann anderswo erneut zuzuschlagen – eine Taktik, wie sie die IRA während des Irischen Unabhängigkeitskriegs gegen Großbritannien unter der Parole „hit and run" („schlag zu und lauf") bereits angewandt hatte. Körner systematisierte derlei Strategien und avancierte damit zu einem der ersten Theoretiker der Guerillataktik, die vor allem während des Zweiten Weltkriegs von Partisanen angewandt wurde, aber auch heute noch unter wechselnden Rahmenbedingungen immer wieder zum Einsatz kommt. Da Körners Betrachtungen aber nicht rein militärischer Art, sondern eben auch von einem ideologischen Grundgehalt getragen waren, der auf dem marxistischen Fundament des Klassengegensatzes zwischen Kapitalisten und Arbeiterschaft fußte, zählt Körner auch heute noch zur Standardlektüre linker Befreiungsbewegungen in aller Welt. Nicht zuletzt der Anführer der Kubanischen Revolution, Ernesto „Che" Guevara, griff wiederholt auf Körners Schriften zurück, die unter dem Titel „Auf Vorposten" auch in Buchform erschienen waren.

Doch die Parteiführung der Sozialdemokratie hielt wenig von Körners Ideen. Ihr gefiel die Vorstellung, die Reaktionäre durch Aufmärsche großer Massen zu beeindrucken, und sie hoffte darauf, dass allein schon die Zahl ihrer Uniformierten den Gegner davon abhalten werde, es auf eine Auseinandersetzung ankommen zu lassen. Dies aber sollte sich als verhängnisvoller Irrtum erweisen.

Seit 1925 war es immer wieder zu Übergriffen gegen Arbeiter und ihre Institutionen gekommen, die ihren Höhepunkt 1927 in den Ereignissen rund um das burgenländische Schattendorf erfuhren, wo Heimwehrler in einen Arbeiterumzug schossen und dabei einen Kriegsinvaliden und ein Kind ermordeten. Als die Mörder später im Prozess freigesprochen wurden, kam es in ganz Wien zu spontanen Kundgebungen, die in der Innenstadt vor dem Justizpalast zu einer großen Demonstration anschwollen. Als sich die Menge anschickte, das Gebäude zu stürmen, gab der Polizeipräsident Schießbefehl, was zu dem bereits erwähnten Massaker führte. Schon damals musste der Sozialdemokratie also klar sein, dass der Gegner nicht zögern würde, zu Gewalt zu greifen. Körner versuchte noch geraume Zeit, der Parteiführung ihren Denkfehler zu verdeutlichen, doch

Polizei räumt den Platz vor dem brennenden Justizpalast, ein Schutzbündler versucht zu verhandeln, 15. Juli 1927

Heimwehranführer Ernst Rüdiger Starhemberg, Walter Pfrimer und Anton Rintelen (v.l.) bei einer Kundgebung in Graz am 12. November 1929

als diese seine Einwände weiterhin hartnäckig in den Wind schlug, zog er sich 1930 aus dem Schutzbund zurück.

Neben seinen militärtheoretischen Arbeiten war Körner aber auch auf einem ganz anderen Gebiet hoch aktiv. Auf Einladung seines Freundes Otto Glöckel stellte er sich dem Wiener Stadtschulrat zur Verfügung und arbeitete dort an der Erstellung neuer Schulbücher mit – auch hier wieder von der Vorstellung erfüllt, an der Erziehung eines neuen, freien Menschen mitwirken zu können.

Auch die parlamentarische Bühne nutzte Körner ungebrochen, und so verwundert es nicht, dass er nach den Gemeinderatswahlen von 1932 als Listenerster des Landes Wien für den Bundesrat nominiert wurde, wodurch er am 1. Dezember 1933 automatisch zum Vorsitzenden der Länderkammer avancierte. Zu jenem Zeitpunkt war es um die Republik freilich gar nicht gut bestellt. Die Wirtschaftskrise, 1929 in den USA ausgebrochen, hatte auch Österreich fest im Griff, rund 600.000 Menschen waren ohne Arbeit, und nur ein Teil von ihnen erhielt Unterstützung, was den Rest ungebremst ins Elend abgleiten ließ. Die prekäre Lage verbitterte die Menschen und führte zu einer spürbaren Radikalisierung immer breiterer Volksschichten, wogegen die Sozialdemokratie, immer noch an die Oppositionsbank gefesselt, wenig auszurichten vermochte. In fast ganz Europa bröckelten die Demokratien. Ungarn und Italien waren schon lange Diktaturen, 1926 kam Polen, 1929 Jugoslawien dazu. Ab 1930 geriet Deutschland mehr und mehr in die Fänge der Nationalsozialisten, die schließlich 1933 die Macht an sich rissen und die bislang grausamste Diktatur der jüngeren Menschheitsgeschichte errichteten. Da konnte es nicht ausbleiben, dass auch in Österreich faschistische Elemente Morgenluft witterten. Bereits 1930 schworen sich die Führer der Heimwehren auf eine Diktatur ein: „Wir verwerfen den westlich-demokratischen Parlamentarismus und den Parteienstaat. Wir wollen an seine Stelle die Selbstverwaltung der Stände setzen und eine starke Staatsführung", hieß es im sogenannten „Korneuburger Eid".

Die Heimwehren fanden in dem ehemaligen Direktor der Niederösterreichischen Landwirtschaftskammer Engelbert Dollfuß, der seit 1932 als Bundeskanzler firmierte, einen willigen Verbündeten. Der musste umso eher zu faschistischen Handlungsmustern greifen, als ihm seine demokratische Mehrheit in atemberaubender Geschwindigkeit abhanden kam. Anfang 1933 war seine Mehrheit im Parlament nur noch von einer einzigen Stimme getragen, sodass in ihm der Wunsch heranreifte, dieses auszuschalten, um weiterregieren zu können. Die Chance dazu bot sich ihm, als es bei einer Abstimmung am 4. März 1933 zu heftigen Meinungsverschiedenheiten bezüglich des Abstimmungsergebnisses kam. Im Zuge dieses Streits traten der Reihe nach alle drei Parlamentspräsidenten zurück, was Dollfuß prompt als „Selbstausschaltung des Parlaments" wertete. Ein neuerliches Zusammentreten des Nationalrates ließ er von der Polizei verhindern. Bis zum endgültigen Ende der demokratischen Ära der Ersten Republik im Februar 1934 blieb nur noch der Bundesrat übrig, sodass Körner formell der ranghöchste Parlamentarier des Landes war. Und als solcher wehrte er sich gegen die Zensur, welche die Regierung selbst gegenüber dem Bundesrat ausübte. Das von der Parlamentskorrespondenz erstellte Protokoll der Sitzung vom 18. Januar 1934 wurde von der Regierung schlichtweg einkassiert, weil darin – naturgemäß – heftige Kritik der sozialdemokratischen

Anfang vom Ende der Demokratie in der Ersten Republik:
Die „Geschäftsordnungskrise" im Parlament am 4. März 1933

Bundeskanzler Engelbert Dollfuß verkündet im Radio
die neue autoritäre Verfassung, 1. Mai 1934

Bundesräte an ihrem Tun enthalten war. Körner reagierte mit einer Verfassungsklage, da in seinen Augen der zuständige Minister – der spätere Bundeskanzler Kurt Schuschnigg – mit diesem Schritt offen gegen die immer noch geltende Verfassung verstoßen hatte. Damit brachte Körner die Riege um Dollfuß nachhaltig in die Bredouille.

Opfer zweier Diktaturen

Doch auch Körner konnte nicht verhindern, dass Dollfuß die Errichtung seiner persönlichen Diktatur zielstrebig vorantrieb. Versammlungs- und Pressefreiheit wurden aufgehoben, einzelne Parteien beziehungsweise deren Gliederungen verboten, darunter auch der Republikanische Schutzbund, und das öffentliche Leben wurde mehr und mehr dem Diktat der neuen Bewegung Dollfuß', der Vaterländischen Front, unterworfen. Die Sozialdemokratie stand dieser Entwicklung ratlos gegenüber, ihre Mitglieder waren immer stärker demoralisiert. Und noch einmal verschärfte Dollfuß die Gangart, ließ führende Repräsentanten der Sozialdemokraten verhaften. Beim Versuch, am 12. Februar 1934 die Linzer Leitung der Sozialdemokraten festzusetzen, kam es spontan zur Gegenwehr. Der folgende Schusswechsel wurde in ganz Österreich zum Signal, den „Austrofaschisten" bewaffneten Widerstand entgegenzusetzen. Bald fielen in Margareten, Favoriten, Döbling, Ottakring, Hernals und den Gebieten jenseits der Donau Schüsse; auch in Teilen Oberösterreichs, der Steiermark und Niederösterreichs kam es zur finalen Auseinandersetzung zwischen Demokratie und Faschismus. Unmittelbar nachdem er von den Ereignissen in Linz erfahren hatte, eilte Körner zum Bundespräsidenten und erinnerte ihn an seine verfassungsmäßigen Pflichten. Doch Wilhelm Miklas war nur eine Marionette in Dollfuß' Händen. Er zuckte mit den Schultern und meinte, er könne da gar nichts machen. Daraufhin begab sich Körner zu Niederösterreichs Landeshauptmann Josef Reither, den er als vernünftigen Mann kennengelernt hatte. Auf dem Weg dorthin erfuhr er, dass die sozialdemokratischen Mitglieder der niederösterreichischen Landesregierung verhaftet worden waren. Mit dieser Information konfrontiert, meinte Reither nur, er habe versucht, für seine Kollegen zu intervenieren, doch auf Dollfuß habe auch er keinen Einfluss. Körner ahnte, dass es keinen Ausweg mehr geben würde – eine Befürchtung, die schnell zur Gewissheit wurde: Kaum hatte er Reithers Büro verlassen, wurde auch er verhaftet.

Nicht weniger als elf Monate verbrachte Körner nun hinter Gittern. Er wurde in eine Zelle eingewiesen, die gerade zwei mal drei Meter maß, und fühlte sich unweigerlich an den Karzer von Mährisch-Weißkirchen erinnert. Doch wie damals blieb Körner auch jetzt unbeugsam. Er verweigerte dem Regime jede Zusammenarbeit und blieb deshalb länger als viele seiner Gesinnungsgenossen hinter Kerkermauern. Erst am 24. Dezember 1934 wurde der Bundesratspräsident wieder auf freien Fuß gesetzt, und auch das nur unter Auflagen: Er musste sich jeden Morgen bei seinem zuständigen Kommissariat melden, durfte keine Korrespondenz mit dem Ausland führen, kein Telefon besitzen und kein Auto benützen. Mit solchen Schikanen wollte die Diktatur den „roten General" doch noch kleinkriegen, wenn sie ihm schon keinen Hochverrat nachweisen konnte. Dieser Versuch war freilich von vornherein zum Scheitern verurteilt, denn nicht Körner, sondern das Regime selbst hatte Hochverrat begangen, als es die Verfassung gebrochen und die Demokratie abgeschafft hatte, die doch die Basis des republikanischen Staatswesens gewesen war.

Körner war zwar nun wieder ein freier Mann, doch stellte sich die Frage, was er – knappe 62 Jahre alt – mit seinem Leben anfangen sollte. Die unfreiwillige Muße nutzte er dazu, seine Arbeit als Militärtheoretiker wieder aufzunehmen. Um alle einschlägige Literatur in der Originalfassung lesen zu können, lernte er auf seine alten Tage an der Konsularakademie auch noch Russisch, was ihm später sehr gelegen kommen sollte. Körner beherrschte damit fünf Fremdsprachen – neben Russisch auch Englisch, Französisch, Serbokroatisch und Tschechisch. Jeden Tag schleppte er neue Schriften in seine kleine Wohnung, um sie über Nacht zu studieren. Die Unterkunft in der Mahlerstraße, sie war nun sein einziges Reich: eine kleine Küche, an die sich zwei Zimmer anschlossen. Das eine diente als Wohn- und Schlafraum. Ein hohes, altmodisches Bett dominierte den Raum, dazu ein Kasten, ein Tisch samt Sesseln, ein bosnischer Rauchtisch mit den entsprechenden Utensilien, dazu jede Menge Stellagen, bis auf den letzten Platz mit Büchern vollgestopft. Der zweite Raum, möbliert mit einer altdeutschen Speisezimmergarnitur, diente zum Empfang der seltenen Gäste.

Wieder einmal kam Körner gelegen, dass er zeitlebens einfachste Verhältnisse gewöhnt war. Es bereitete ihm keine Mühe, die Wohnung selbst in Schuss zu halten. Er schwang das Staubtuch, wusch das Geschirr und seine Wäsche, bügelte sie auch gleich und bereitete sich Tag für Tag selbst sein Essen zu. Morgens erwärmte er sich für Mokka und ein Grahamweckerl, mittags gab es zumeist gebratene

Erdäpfel, ganz einfach mit Speiseöl übergossen, abends eine kräftige Suppe mit Schwarzbrot. Kein Wunder, dass Körner bei einer solchen Kost auch mit der Verpflegung im Gefängnis keine Probleme gehabt hatte.

Die Demokratie mag geschlagen sein, sagte sich Körner, doch besiegt ist sie nicht. Man müsse sich bereithalten für den richtigen Augenblick, um dann von Neuem zu beginnen. Dazu hielt er Kontakt zu den Gesinnungsgenossen. Als alter Militär wusste er natürlich, dass das Regime ihn überwachte, doch mit den simpelsten Tricks spielte er seine Bewacher jedes Mal mit Leichtigkeit aus. So geht etwa jede Diktatur davon aus, dass ihre Feinde nur nachts gegen sie konspirieren. Körner tat daher das Naheliegendste und traf seine Freunde zum Frühstück. Als Österreich 1938 von den Nazis okkupiert wurde, verfolgte er diese Strategie noch dreister. Man traf sich im Café des Imperial – jenes Hotels, in dem Adolf Hitler stets abstieg, wenn er in Wien war. Selbst die Gestapo vermutete nicht, dass jemand so tollkühn sein könnte, in unmittelbarer Nähe der nationalsozialistischen Machthaber deren Sturz zu betreiben. Dennoch interessierte sich die Staatsmacht oft genug für das Privatleben Körners. Eines Tages fand wieder einmal eine Hausdurchsuchung bei ihm statt. „Es tut mir leid", sagte er mit betroffener Miene, „ich habe tatsächlich hochverräterische Lektüre hier", und führte die Staatspolizisten zu seinem Regal. Die bekamen ob der sorgsam aufgereihten Bücher in französischer Sprache auch gleich leuchtende Augen. Doch sogleich folgte die Ernüchterung: Napoleons gesammelte Briefe waren nicht die Art Literatur, nach der sie Ausschau hielten. Grummelnd zogen sie wieder ab – und Körner holte vergnügt pfeifend seine Ausgaben von Marx, Engels, Lenin und Trotzki wieder aus dem Wäschekorb.

Vortag des Einmarsches der Deutschen Wehrmacht in Österreich: Bundespräsident Wilhelm Miklas nimmt den Rapport eines Offiziers entgegen, im Hintergrund Bundeskanzler Kurt Schuschnigg, 11. März 1938

Zunächst freilich wollten die Nationalsozialisten den Kriegshelden sogar noch für ihre Zwecke gewinnen. 1940 trugen sie die Aufgabe an ihn heran, eine Studie über Deutschlands Perspektiven im Weltkrieg – seit 1939 tobte der Zweite Weltkrieg in Europa – zu erstellen. Körner wies schlüssig nach, dass die Wehrmacht unrettbar verloren war, wenn sie sich auf eine Auseinandersetzung mit der Roten Armee einließ, denn diese verfügte über mehr Ressourcen, mehr einsatzfähige Kampftruppen und ein weites Hinterland, in das sie sich zurückziehen konnte, um sich neu zu ordnen und zum Gegenangriff überzugehen. Genau so sollte es sich 1942/43 auch zutragen, doch 1940 hielten nicht nur die Nazis den alten Körner für einen Phantasten. Auch viele Antifaschisten glaubten nicht mehr an einen Untergang des „Dritten Reiches", das seit September 1939 von Sieg zu Sieg geeilt war und praktisch ganz Europa unterworfen hatte. Körner aber blieb gelassen: Hitler hatte sich übernommen, er würde scheitern. Die Frage war nur noch, wie lange die Nazis ihr Ende würden hinauszögern können.

Mit der Zeit erkannten das auch aktive deutsche Militärs der Wehrmacht und unternahmen im Juli 1944 den Versuch, Hitler mittels eines Attentats zu beseitigen. Die Operation „Walküre" schlug fehl und die Gestapo holte zu einem Rundumschlag gegen alle, die dem Regime kritisch gegenüberstanden, aus. So wurde auch Körner erneut verhaftet. Doch selbst die Schergen der Nazis konnten ihm keine Verbindung zum Berliner Bendlerblock, dem Zentrum jenes militärischen Widerstands, nachweisen. Körner kam wieder frei – gerade noch rechtzeitig, um im Frühjahr 1945 persönlich den Kampf gegen einen Brand zu leiten, der im Gefolge von Bombentreffern in seinem Wohnhaus in der Mahlerstraße ausgebrochen war. Durch sein rasches und entschlossenes Handeln konnte das Haus wenigstens teilweise gerettet werden, und doch war Körner froh, dass seine Lebensgefährtin Antoinette Latscher das nicht mehr erleben musste. Die Witwe des Feldmarschallleutnants war 1944 verstorben.

Körner war nun fast 72 und hatte praktisch kein Dach mehr über dem Kopf. Da fand er in seinem Briefkasten (der noch existierte) einen Zettel, gezeichnet vom ehemaligen Bundesrat Adolf Schärf: „Lieber Körner, bitte komm morgen um neun Uhr ins Rathaus. Wir treffen uns in den Räumen des Bürgermeisters. Schärf." Körner wusste, was diese Sätze bedeuteten: Die Stunde des Neubeginns war gekommen.

Am nächsten Morgen, man schrieb den 13. April 1945, war das Wetter trüb. Körner stieg über Trümmer und Bombentrichter und bahnte sich seinen Weg durch die zerstörte Innenstadt. Auf dem Heldenplatz standen ganze Geschützbatterien, in der Museumsstraße hatten die Sowjets ihre berühmten Stalinorgeln, die „Katjuschas", in Stellung gebracht. Überall stiegen Rauchsäulen auf, die Stadt blutete aus tausend Wunden. Der Krieg war für Wien zu Ende, wiewohl in Berlin Hitler und seine Paladine noch absurde Durchhalteparolen ausgaben. Im Hof des Rathauses campierten Rotarmisten, Pferde waren an die schmiedeeisernen Gitter gebunden, überall lag Gerümpel umher, und aus den leeren Fensteröffnungen pfiff ein kalter Wind. Unter diesen Bedingungen kamen im Roten Salon der einstigen Bürgermeisterwohnung sechs sozialdemokratische Politiker zusammen: die ehemaligen Stadträte Honay, Speiser und Weber, der vormalige Vizebürgermeister Emmerling und die beiden früheren Bundesräte Körner und

Die Folgen des Krieges
in Wien, Mai 1945

Bürgermeister Theodor Körner ehrt seinen aus dem
KZ nach Österreich zurückgekehrten Vorgänger
Karl Seitz (2.v.r.) vor dem Wiener Rathaus

Die provisorische Regierung unter
Karl Renner nimmt ihre Arbeit auf,
rechts im Bild Theodor Körner

Schärf. Der Grund ihres Zusammentreffens war kein Geringerer als die Einsetzung eines demokratischen Bürgermeisters. Zunächst mochte jeder an Emmerling gedacht haben, doch der lehnte ob seiner schlechten gesundheitlichen Verfassung ab. Da fiel der Name Körner. Auch er wollte absagen, war er doch nicht mehr der Jüngste. Aber die Freunde ließen nicht locker. Befehl ist Befehl, dachte sich Körner schließlich und willigte ein. Wenig später wurde er dem sowjetischen Stadtkommandanten Blagodatow vorgestellt, der auf Russisch seine Untergebenen fragte, ob die Wiener nicht einen Jüngeren hätten finden können. Körner entgegnete gleichfalls auf Russisch, dass der erste Eindruck mitunter täuschen könne. Sichtlich beeindruckt bestätigte Blagodatow die Wahl Körners zum Bürgermeister. Am 17. April 1945, exakt eine Woche vor seinem 72. Geburtstag, begann für Körner ein völlig neuer Lebensabschnitt.

Der Wiederaufbau Wiens

Katastrophaler hätte die Lage, in welcher der neue Bürgermeister Wien vorfand, gar nicht sein können, wie eine nüchterne Bestandsaufnahme aus jenen Tagen beweist: Fast jedes vierte Haus war gänzlich zerstört worden, rund 120.000 Wohnungen – beinahe doppelt so viele, wie in der Ersten Republik erbaut worden waren – erwiesen sich als unbewohnbar. Jedes fünfte Neugeborene starb im Kindbett. 3.700 Transformatoren waren zerstört, die Wasserleitungen größtenteils unterbrochen, das Gasnetz zusammengebrochen. Die Wiener hatten also weder elektrischen Strom noch Wasser noch Gas. Jeder zweite Wagen der

Wiener Verkehrsbetriebe war unbenutzbar, das Schienennetz durch zahlreiche Bombentreffer nicht befahrbar. Die Oper und das Burgtheater waren vollkommen, Stephansdom und Parlament beträchtlich zerstört. Fast alle Brücken über die Donau beziehungsweise den Donaukanal waren schwer beschädigt. In den Straßen türmten sich Menschenleichen und Tierkadaver, von denen mannigfache Seuchen auszugehen drohten. Die städtischen Versorgungsbetriebe waren de facto inexistent, die Spitäler rettungslos überfordert, zumal es der Stadt an Medikamenten ebenso wie an Nahrungsmitteln mangelte. Noch nie hatte sich Körner einer Situation gegenübergesehen, die auch nur annährend so aussichtslos gewesen wäre wie jene, die sich ihm Mitte April 1945 darbot. Er borgte sich kurzerhand von den im Hof des Rathauses biwakierenden Sowjetsoldaten Treibstoff aus und ließ die einzigen vier einsatzfähigen Busse betanken – der Neubeginn der Wiener Linien. Schon zehn Tage später verkehrten die fünf wichtigsten Linien wieder halbwegs regelmäßig.

Zuvor aber wurde Körner unmittelbarer Zeuge einer enorm wichtigen Handlung. Am 27. April – noch immer gaben in Berlin die Nazispitzen um Adolf Hitler sinnlose Durchhalteparolen aus – konstituierte sich im arg zerbombten Parlamentsgebäude die neue, Zweite Republik. Wie schon 1918 wurde Karl Renner Kanzler der neuen Demokratie, ihm zur Seite standen Politiker der drei antifaschistischen Parteien. Leopold Figl von der ÖVP, der nach 1938 die meiste Zeit in Konzentrationslagern der Nazis verbracht hatte, und Johann Koplenig von der KPÖ, der 1934 ins Exil hatte fliehen müssen, wurden zusammen mit dem Rechtsanwalt Adolf Schärf Stellvertreter Renners, der, von Körner flankiert, wieder im Haus des Volkes Einzug

Nach der Landtagswahl im November 1945 wird Theodor Körner im Wiener Gemeinderat als Bürgermeister angelobt, 14. Februar 1946

Körner mit Kriegsheimkehrern, um 1949

hielt, nachdem es zuvor sieben Jahre lang der NSDAP als „Gaubehörde“ gedient hatte.

Ein großes Problem der jungen Republik – abseits der puren Überlebensfragen – bestand im Umgang mit den Nazis, denn immerhin war jeder zehnte Österreicher Mitglied der NSDAP gewesen. Körner löste diese Frage für die Stadt Wien überaus pragmatisch. Jeder, der nicht bis 30. April wieder an seinem Dienstort erschien, galt als entlassen. Die Nazis waren untergetaucht, ihre Arbeitsplätze in der Stadtverwaltung daher verwaist. Körner konnte den Neubeginn der Stadt ohne diese Hypothek in Angriff nehmen. In all der Zerstörung und Untergangsstimmung erwies er sich einmal mehr als der richtige Mann am richtigen Ort. Er war schlicht allgegenwärtig, und wo immer er auftauchte, da wuchs auch die Hoffnung, dass man die Lage schließlich doch noch meistern werde. Das lag nicht zuletzt daran, dass der Bürgermeister auf jede Bevorzugung verzichtete. Frühmorgens schon stellte er sich wie alle anderen Bürger auch am Brunnen an, um dort seine Wasserration abzuholen. Sein Büro glich einem Feldlager, denn der Bürgermeister arbeitete dort nicht nur, er bereitete sich auch selbst das Essen zu – meist Suppe, hie und da ein paar gekochte Erdäpfel; er wusch seine Wäsche selbst, die dann an quer durch das Zimmer gespannten Leinen zum Trocknen aufgehängt wurde, und hatte im Raum sogar ein einfaches Feldbett als Nachtlager stehen. So empfing er Besucher hemdsärmelig beim Bügeln und achtete darauf, dass seine privaten Bedürfnisse keinesfalls seinen öffentlichen Aufgaben im Wege standen. Die vollkommene Hingabe an die Sache machte Körner im Handumdrehen noch populärer, als er ohnehin schon war. Vor allem, da aus seinem Mund die launige Bemerkung, im Moment müsse man sich eben alles „erstehen", umso glaubwürdiger klang, als er selbst jeden Tag einkaufen ging und darauf bestand, genau dann dranzukommen, wenn die Reihe eben an ihm war.

Und tatsächlich gab es mit jedem neuen Tag kleine Lichtblicke. Bereits nach zwei Monaten hatte man alle Obdachlosen zumindest provisorisch untergebracht. Die Verkehrsbetriebe waren zu einem knappen Drittel einsatzfähig, die gröbsten Mängel in der Gas- und Wasserversorgung behoben. Selbst einige Brücken wurden behelfsmäßig errichtet, sodass Floridsdorf und Donaustadt nicht mehr gänzlich vom restlichen Wien abgeschnitten waren. Körner nahm jede Hilfe an, die er bekommen konnte, denn für ideologische Dünkel war keine Zeit. Wenn die Sowjets Lebensmittel und Kohle lieferten, dann dankte ihnen der Bürgermeister aufrichtig dafür; der amerikanischen Kritik an dieser Haltung begegnete er mit der pragmatischen Bemerkung, dass er jederzeit auch amerikanische Hilfslieferungen dankbar entgegennehmen werde. Tatsächlich schickten bald auch die Briten die so lebenswichtige Kohle nach Wien. Doch in Floridsdorf gab es nach wie vor Versorgungsengpässe. Diesmal waren es die Sowjets, die sich dagegen verwahrten, dass in ihrem Verwaltungsbezirk amerikanische Güter angeliefert werden. Körner eilte persönlich zur Reichsbrücke und sprach mit dem dortigen sowjetischen Offizier in dessen Sprache von Mensch zu Mensch. Die amerikanischen Lastkraftwagen konnten passieren. Floridsdorf hatte wieder Brot.

Als zwei Kärntner Politiker unerwartet in Wien übernachten mussten, da ihnen ihr Auto entwendet worden war, nahm Körner sie kurzerhand ins Rathaus mit, wies ihnen zwei Feldbetten zu, brachte persönlich Bettzeug vorbei und bereitete am nächsten Morgen auch noch das Frühstück zu. Geschichten wie diese verbreiteten sich wie ein Lauffeuer und unterstrichen eindrucksvoll, dass Körner immer wusste, was zu tun sei – und es eben auch tat. Zumal seine persönliche Bescheidenheit diese Haltung noch unterstrich. Als er etwa zu einem Galadiner geladen wurde, lehnte er mit dem Hinweis ab, dort sei ein Smoking als Abendkleidung erwünscht, und er verfüge über kein solches Kleidungsstück. Als man daraufhin anbot, ihm einen Smoking zu besorgen, blieb er stur: Entweder man nehme ihn so, wie er sei, oder man müsse auf ihn verzichten. Schließlich wurde der Kleidungszwang für den Wiener Bürgermeister aufgehoben.

Dieser war mittlerweile bemüht, die Stadt schuttfrei zu bekommen – eine Aufgabe, für die es viel zu wenige Maschinen gab. Überall versuchten Menschen, die Überreste des Bombardements buchstäblich mit Scheibtruhen wegzukarren, und Körner wurde nicht müde, die Alliierten um Lieferung von Baumaschinen zu bitten. So konnte – nicht zuletzt auch dank der großzügigen Hilfe, die auf Vermittlung des jungen Bruno Kreisky aus Schweden kam – Anfang 1946 sogar der kommunale Wohnbau wieder aufgenommen werden. Zu Ehren des Spenders wurde die erste Siedlung, die die Gemeinde Wien nach dem Krieg errichtete, Per-Albin-Hansson-Siedlung genannt. Bis 1947 konnten knapp 45.000 beschädigte Wohnungen repariert und weitere 15.000 saniert werden. Nachdem der Winter 1945/46 noch einmal die grundlegenden Mängel deutlich gemacht hatte, spürten die Menschen endlich den Aufschwung. 1947 war Margareten als erster Bezirk schuttfrei, weitere folgten alsbald. Dass Wien 1947 deutlich besser da stand als 1945, rechneten nicht wenige dem Bürgermeister

Neueröffnung des Schlingermarktes in Wien-Floridsdorf 1948:
Bürgermeister Körner mit Vizebürgermeister Weinberger

Theodor Körner mit dem Leiter der Schwedenhilfe in Wien Arne Carlsson, 1947

an, der von der Technischen Universität denn auch die Ehrendoktorwürde für sein Aufbauwerk verliehen bekam. Doch es wäre nicht Körner gewesen, hätte er dieses Lob nicht prompt weitergegeben: „Ich danke für die Ehrung, die mir die Hochschule erwiesen hat, fühle mich aber beschämt durch die Überschätzung meiner in Wahrheit recht bescheidenen Leistungen. Was habe ich auch weiter getan, als die Arbeiter und Beamten der Stadt zu rufen und mit meinen Mitarbeitern ausgleichend ihre Tätigkeit zu ordnen? Welch technische und oft gefährliche Improvisationen waren doch nötig, um Starkstrom- und Ölleitungen über den Donaustrom zu führen! Überall wusste die Initiative der Techniker und Arbeiter selbständig einen Ausweg aus schwieriger Lage zu finden. In ihren Reihen sind die Helden der Technik und der Arbeit zu suchen, denen Lob und Anerkennung gebührt."

In der Zwischenzeit konnte sich das politische Österreich weiterentwickeln. Die Regierung Renner war im Spätsommer um Vertreter aus den Bundesländern erweitert worden, und seit 20. August 1945 hatte auch Wien wieder einen provisorischen Gemeinderat. Sowohl im Bund als auch im Land sollten im November 1945 erstmals seit 1930 beziehungsweise 1932 wieder Wahlen abgehalten werden, und natürlich waren viele Beobachter gespannt zu sehen, wie der General im Vergleich zum „Roten Wien" der Zwischenkriegszeit abschneiden würde.

Bundespolitisch bekam die SPÖ einen Dämpfer, denn sie konnte die absolute Mehrheit der ÖVP, die gleichwohl die Koalition mit den Arbeiterparteien fortsetzte, nicht verhindern. In Wien aber erhielt die SPÖ 58 Prozent der Stimmen und damit nur 1,5 Prozent weniger als der legendäre Bürgermeister Seitz eineinhalb Jahrzehnte zuvor.

Körner war nun auch demokratisch legitimiert, sein Werk fortzusetzen. Und er tat dies gleichfalls in einer Konzentrationsregierung mit der Wiener ÖVP, auf die rund ein Drittel der Stimmen entfallen war, und mit der KPÖ, die es in Wien auf acht Prozent der Stimmen gebracht hatte. Am KP-Stadtrat Viktor Matejka hielt Körner auch fest, als die KPÖ im November 1947 aus der Bundesregierung gedrängt wurde, denn nach Körners Meinung hatte sich Matejka nicht nur um das Wiederaufblühen des Wiener Kulturlebens verdient gemacht, sondern auch um die Rückkehr zahlreicher Emigranten, die von den Faschisten und Nationalsozialisten zwischen 1934 und 1945 aus Wien vertrieben worden waren. Körner ließ es sich auch nicht nehmen, im Rahmen der Feierlichkeiten zur 800-jährigen Wiederkehr der Gründung Moskaus in die UdSSR zu reisen, wo er als einziger ausländischer Gast eine Rede auf Russisch hielt. Die Sowjets wussten diese Geste zu schätzen und setzten ihre Unterstützung des Wiederaufbaus der Stadt Wien konsequent fort.

Körner, der im November 1945 auch ins Bundesparlament gewählt worden war, hielt im Nationalrat so manche flammende Rede, wobei er sich immer dann zu Wort meldete, wenn er die Interessen seiner Heimatstadt berührt sah. So forderte er einen gerechten Finanzausgleich, musste Wien doch als Bundeshauptstadt die Hauptlast für die allgemeine Verwaltung tragen, was, wie Körner fand, die übrigen Bundesländer entsprechend honorieren sollten. Am 14. Februar 1946 kürte der neu gewählte Gemeinderat die neue Stadtregierung. In geheimer Wahl versagte nur ein einziger Mandatar Körner die Stimme. Als Vizebürgermeister wurden der Finanzstadtrat Paul Speiser und Lois Weinberger von der ÖVP bestellt. Mit seinem neuen Team

Bürgermeister Körner begrüßt heimkehrende Wiener Kinder, die den Krieg auf dem Land verbracht haben, September 1945

Körner sitzt Modell für Maler Oskar Kokoschka, April 1949

trieb Körner die Normalisierung voran, wobei er nicht müde wurde zu betonen, dass diese wesentlich rascher erreicht werden könnte, wenn die Alliierten die Kriegsgefangenen endlich in die Freiheit entließen. Denn immer noch waren zigtausende Österreicher in irgendwelchen Lagern in Frankreich, Deutschland und der UdSSR inhaftiert. Ihre Rückkehr erfolgte nur zögerlich. Aus eigener Erfahrung wusste Körner, dass es für diese Menschen von besonderer Bedeutung wäre, wenn am Bahnhof jemand auf sie wartete, und so ließ er es sich bei den diversen Heimkehrertransporten nicht nehmen, ehemalige Soldaten persönlich zu begrüßen, wenn er merkte, dass da einer allein am Bahnsteig übrig geblieben war – auch dies eine Geste, die sich, gegen Körners Willen übrigens, rasch herumsprach.

Das Jahr 1946 hatte noch einige Tiefschläge parat, doch zu Jahresende konnte Körner dennoch positiv bilanzieren. Der öffentliche Verkehr wies wieder einen halbwegs regelmäßigen Betrieb auf, die Wohnungssituation hatte sich grundlegend gebessert und die tägliche Kalorienzufuhr war von 1.500 auf 1.800 pro Person erhöht worden. Die Tage der elementaren Hungersnot waren endlich vorbei.

Doch es fehlten immer noch rund 100.000 Wohnungen; Körner trieb daher mit aller Energie den Wohnbau voran. Auch hier musste an allen Ecken und Enden improvisiert werden, um wenigstens kleine Fortschritte verbuchen zu können. Aber die Erfolge kamen. Bald schon konnte das sanierte Amalienbad wieder für die Öffentlichkeit geöffnet werden, der Schulbau schritt voran, die Normalisierung des Alltags wurde mit jedem Monat sichtbarer. Selbst der politische Gegner zollte Körner dafür Respekt und Anerkennung. So meinte das ÖVP-Zentralorgan, der „alte Hagestolz" sei zwar mitunter recht eigenwillig, aber ohne ihn hätte sich der Wiederaufbau sicher nicht so schnell und umfassend realisieren lassen. Es ist also kein Wunder, dass die Stadt Wien den 75. Geburtstag Körners im April 1948 zum Anlass nahm, ihn zum Ehrenbürger zu ernennen. Und wieder dankte Körner artig für die Ehrung, erklärte aber gleichzeitig, sie gar nicht zu verdienen. Die Bescheidenheit blieb sein Markenzeichen. Jeden Morgen strebte er, ein obligates Einkaufsnetz in der Hand, zum Markt, um dort Erdäpfel, Obst und sein geliebtes Grahamweckerl zu besorgen. Wenn ihm auch ein Dienstwagen zugestanden wäre, so erledigte er seine Dienstfahrten dennoch mit der Tramway, und nicht wenige Wiener nutzen diese Gelegenheit, den Bürgermeister, der wie sie geduldig auf die Garnitur wartete, anzusprechen. Körner notierte sich die Anliegen seiner Mitbürger und kam stets mit einem Stapel an Notizen ins Amt, die er zur Erledigung den jeweiligen Referenten zuteilte. Wobei er freilich nicht darauf vergaß, sich beizeiten zu erkundigen, ob die Sache auch zu einem positiven Ende gekommen sei.

Sich der Unterstützung der Bevölkerung gewiss, nahm sich Körner immer weniger ein Blatt vor den Mund und pfiff auf die sogenannte Diplomatie, wenn es darum ging, das Beste für seine Wienerstadt zu erreichen. Er scheute nicht davor zurück, der Bundesregierung die Leviten dafür zu lesen, dass sie Wien mit minderwertigem Baumaterial versorgt hatte. Gerade das schlechte Baumaterial sei dafür verantwortlich, dass viele Gebäude neu errichtet werden müssten, was die notwendige Bautätigkeit unnötig behindere. Der Bund möge also wirklich helfen, oder aber Wien wenigstens nicht behindern.

Dass Körner ein Mann war, der zu seinen Überzeugungen stand, lassen zwei Episoden erkennen, die sich im

November 1948 beziehungsweise im Sommer 1949 zutrugen. Bei einer Diplomfeier überreichte der Bürgermeister die entsprechenden Dokumente, die sich in einer roten Mappe befanden, launig mit den Worten, die Geehrten erhielten ihre Urkunde in der roten Mappe des „Roten Wien“. Als sich daraufhin der VP-Vize Weinberger über Körners Wortwahl ereiferte, meinte dieser nur: „Ach was! Jetzt erst recht: die rote Mappe vom Roten Wien.“ Und anlässlich eines Schweiz-Besuchs, bei dem er sich für die großzügige Unterstützung Wiens in Form von Schweizer Lebensmittelsendungen bedankte, erklärte er, Österreich sei dem Beispiel der Schweiz, die Habsburger aus dem Lande zu entfernen, leider erst sechs Jahrhunderte später gefolgt. Für die in Österreich immer noch vorhandenen Monarchisten war dies ein Affront – vor allem deshalb, weil er von einem kaiserlichen Generalstäbler erfolgt war. Seiner Popularität taten solche Aussprüche freilich keinen Abbruch.

Und so konnte Körner doch recht optimistisch in seine zweiten Wahlen als Bürgermeister gehen, die turnusgemäß im Oktober 1949 abgehalten wurden. Dazwischen hatte sich die politische Landschaft Österreichs natürlich ein wenig verändert. Unter der tätigen Mithilfe einiger Konservativer und rechter Sozialdemokraten konnte sich rechtzeitig vor den Nationalratswahlen eine vierte Partei bilden, unter deren Dach zahlreiche ehemalige Nationalsozialisten Unterschlupf fanden. Die Partei, aus der einige Zeit später die FPÖ hervorgehen sollte, nannte sich Verband der Unabhängigen (VdU) und nahm – entgegen den Erwartungen des rechten SPÖ-Flügels, der von einer klaren Schwächung der ÖVP durch die neue Gruppierung ausgegangen war – beiden Großparteien je acht Mandate ab, wobei die SPÖ zusätzlich noch an die KPÖ verlor. In Wien fielen die Verluste nicht ganz so harsch wie im Bund aus, doch auch die Wiener SPÖ musste Federn lassen – für Körner ein klarer Auftrag, den Aufbau der Stadt noch intensiver zu betreiben. Dementsprechend eindringlich nahm er seine Stadträte für Finanzen und Bauwesen ins Gebet: „Meinen Leuten im Rathaus bin ich zweifellos etwas ungeheuer. ‚Was schreibt der Alte schon wieder?' ist der Ausdruck des Unbehagens, weil ich viel schriftlich festlege, um die Schlampereien anzunageln. Ich glaube fast nicht, dass ich bis zum Ende der Wahlperiode durchhalten kann, obwohl ich dies wünsche. Ich schufte also sehr … letztes Rennen! Aber eher bringt man einen Pinzgauer in Galopp als unser Rathaus in lebhafteren Schritt. Ein Beispiel: Wohnungsnot – die Notstandsfälle nehmen stetig zu." Und an seinen Finanzstadtrat schrieb er: „Die Wasserversorgung ist für die ganze Bevölkerung und besonders für Floridsdorf und Donaustadt viel wichtiger als der Umbau der Straßendecken. Wichtiger als Gleisumlegung sind Wohnbau, Schulen, Spitäler, das Wasser und anderes mehr."

Auch die Kultur sollte für Körner nicht zu kurz kommen. Er warnte vor dem rein wirtschaftlichen Kalkül, denn hier müsse der Mensch und nicht der Profit im Mittelpunkt aller Überlegungen stehen: „Man darf nicht immer nur mit dem Rechenstift operieren. Nicht allein Rechenstift und kalter Verstand, auch Gefühle müssen berücksichtigt werden. Da kann man von der Kirche und von den Volksdemokratien noch etwas lernen. Wir haben auch die Aufgabe, in der Bevölkerung Schwung, Freude und Zukunftshoffnung zu erwecken. Ein Museum wäre ein kleiner Beitrag dazu."

Schließlich, so die Auffassung des Bürgermeisters, dürfe man auch vor Enteignungen nicht zurückschrecken, wenn

Der Kandidat wider Willen sorgte für eine Überraschung an den Wahlurnen

es darum gehe, öffentliche Gebäude im Interesse der Bevölkerung zu errichten. Vor allem aber dürfe keine Zufriedenheit über das Erreichte einkehren, bleibe doch immer noch eine ganze Menge zu tun, wenn auch die gröbsten Kriegsschäden endlich behoben seien.

Das Jahr 1950 begann mit einem bedauerlichen Verlust für Wien. Der langjährige Wiener Bürgermeister und ehemalige Staatspräsident Karl Seitz starb kurz nach seinem 80. Geburtstag. In der Tat schien es, als trete allmählich jene Generation von Sozialdemokraten ab, die ihre politische Prägung noch im Vielvölkerstaat des Habsburgerreiches erhalten hatte, denn schon zuvor waren die Vizebürgermeister Speiser und Emmerling hingeschieden, wenig später Stadtrat Weber. Und am letzten Tag jenes Jahres starb auch Karl Renner, der zweimal an der Wiege der Republik gestanden war – 1918 bis 1920 und 1945 als Kanzler – und danach das Amt des Bundespräsidenten bekleidet hatte.

Erstmals stand nun die verfassungsmäßig vorgesehene Volkswahl des Staatsoberhauptes an. Alle vier Parteien stellten Kandidaten auf, und sogar einige Unabhängige bewarben sich für das höchste Amt im Staate. Die Kommunisten schickten ihren Gewerkschaftsfunktionär und Bundesrat Gottlieb Fiala ins Rennen, der VdU entschied sich für Burghard Breitner, ein politisch unbeschriebenes Blatt, während die ÖVP den in seinem Bundesland sehr populären oberösterreichischen Landeshauptmann Heinrich Gleißner nominierte. Die SPÖ brauchte nicht lange nach einem geeigneten Kandidaten zu suchen. Schnell fiel die Wahl auf Theodor Körner, der schließlich trotz seines hohen Alters von 77 Jahren einwilligte.

„Schließlich“ deshalb, weil er mit einigem Recht davon ausgehen konnte, dass er ohnehin nicht gewählt werden würde. Die Sozialisten hatten bei der vorangegangenen Nationalratswahl rund 39 Prozent der Stimmen erhalten, und es war nicht anzunehmen, dass sich ein Kandidat der Partei gegen alle anderen Mitbewerber durchsetzen würde. Körners Aufgabe war es mithin, die erwartete Niederlage in Grenzen zu halten, wobei man seitens der SPÖ schon froh gewesen wäre, wenn es Körner schaffen sollte, Gleißner in eine Stichwahl zu zwingen.

Körner war im Osten des Landes extrem populär, das wusste man. Doch wie würde er im Westen ankommen? Die folgenden Wochen bis zur Wahl sollten es zeigen. Mit einer Frische, die man dem alten Herrn gar nicht zugetraut hätte, begab sich Körner fünf Tage nach seinem 78. Geburtstag auf Wahlkampftour. 4.000 Kilometer wurden zurückgelegt; sie führten ihn in den heißen Staub Südkärntens und in die eisigen Höhen des Arlbergs. 60 Kundgebungen, mehr als 100 Versammlungen und nicht weniger als 200 offizielle Begrüßungen absolvierte Körner in jenen Tagen und wirkte dabei mit jedem Tag jugendlicher. Während sein Gegner Gleißner einen Schwächeanfall erlitt und das Bett hüten musste, übersprang Körner schon einmal ganz locker eine Absperrung, um noch näher am Volk zu sein.

Von sieben Uhr Früh bis zehn Uhr abends war er unterwegs, ging stets als Letzter zu Bett, weil da immer noch jemand war, der seinen Rat suchte, und stand als Erster auf. Wenn seine Begleiter beim Frühstück saßen, hatte Körner schon eine kleine Wanderung hinter sich, und alle fragten sich, woher er nur diese Energie und Ausdauer nahm. Sein Team wollte ihn einbremsen und schickte ihn einmal bewusst früher ins Bett. Doch mitten in der Nacht drang aus dem Extrastüberl Lärm in den Zimmertrakt. Als Körners Berater Nachschau hielten, wer denn da so ungebührlich die Nachtruhe des Wahlkandidaten störte, staunten sie nicht schlecht: Körner selbst war es, der ein ganzes Gasthaus mit Geschichten und Anekdoten erheiterte. Kein Wunder, dass die Menschen es ihm abnahmen, wenn er sagte: „Ich kenne eure Sorgen, es sind auch die meinen. Gemeinsam werden wir ihrer Herr werden." Rasch entwickelte sich aus dem Wiener Volksbürgermeister ein potenzieller Volkspräsident, und Gleißners Vorsprung schmolz von Tag zu Tag.

Dennoch gingen noch in der Wahlnacht alle Beobachter davon aus, dass Körner fünf bis zehn Prozent hinter dem ÖVP-Kandidaten liegen würde. Körner selbst sah die Sache nicht anders. Er ging am Wahltag früh zur Urne, setzte sich gemütlich in ein Kaffeehaus, ehe er zur Albertina schlenderte, um den Tag im Schatten alter Meister zu verbringen. Er ignorierte die Proteste der dortigen Belegschaft, entrichtete justament die Eintrittsgebühr und tauchte ein in die Welt der Kunst. Anschließend plauderte er noch ein wenig mit den Bauarbeitern, die die Rampe vor dem Museum sanierten, und turnte dabei wie ein Junger auf dem Gerüst herum. Dann wartete er gelassen auf die Ergebnisse des Wahlgangs.

Die brachten eine veritable Überraschung: Zwar hatte Gleißner erwartungsgemäß die Nase vorn, doch mit 40 Prozent der Stimmen lag er nur hauchdünn vor Körner, der es auf 39 Prozent gebracht hatte. Der Kandidat des VdU vereinte 15 Prozent auf sich, Fiala von den Kommunisten musste sich mit fünf Prozent bescheiden. Eine Stichwahl war also nötig, die drei Wochen später die Entscheidung bringen sollte.

Mit diesem Ergebnis dürfte die ÖVP nicht gerechnet haben, denn jetzt griff sie tief in die Sudelkiste, stellte den

Jubel nach gewonnener Wahl zum Bundespräsidenten 1951

General als Instrument der Kommunisten dar, als alten Tatterich, der ein willfähriges Instrument in den Händen des Auslandes sein werde. Doch gerade mit solcher Propaganda verscherzte es sich die ÖVP mit den Wählern. Selbst die Anhänger des VdU folgten dieser Taktik nicht; sie stimmten im zweiten Urnengang ziemlich genau zu gleichen Teilen für die beiden verbliebenen Bewerber. Letzten Endes hatte Körner die Nase um 170.000 Stimmen vorn. Auf ihn entfielen 52 Prozent der Stimmen. Er war somit zu seiner eigenen Überraschung das erste vom österreichischen Volk gewählte Staatsoberhaupt. Als sein Triumph offenkundig war, entkam ihm im Kreise seiner Parteifreunde der ehrlich gemeinte Satz: „Aber ihr habt mir doch versprochen, dass ich nicht gewählt werd'!"

Am 21. Juni 1951 wurde Körner im alten Reichsratssitzungssaal des Wiener Parlaments in seine neue Finktion eingeführt. Davor hatte er schweren Herzens sein Amt als Wiener Bürgermeister niedergelegt. Seine Bilanz war beeindruckend: 115.000 Wohnungen waren in seiner Amtszeit wieder instand gesetzt worden, 11.000 Wohnungen neu gebaut, 13.200 neue Spitalsbetten eingerichtet. Alle 20 Kinderbäder – sie waren im Krieg zerstört worden – wurden wieder in Betrieb genommen, dazu fast alle öffentlichen Frei- und Hallenbäder. Die Zahl der Kindergärten und Horte wurde von 94 auf 173 erhöht, die Zahl der Mutterberatungsstellen auf 80 verdoppelt. 4.500 Bombentrichter wurden planiert, sechs Millionen Kubikmeter Schutt beseitigt, und alle 130 Brücken standen wieder. Die Verkehrsbetriebe, Gas- und E-Werke funktionierten klaglos, und Wien war wieder Messe- und Kulturstadt. Nur sechs Jahre nach dem Ende des Krieges präsentierte sich Wien beinahe wieder so wie vor der Katastrophe, und dies war nicht zuletzt

Angelobung von Bundespräsident Körner im Parlament, 1951

Selten im Büro, oft unter den Menschen

das Verdienst des unermüdlichen und allgegenwärtigen Stadtvaters Theodor Körner, der in der Stunde der Not die erforderliche Entschlossenheit an den Tag gelegt hatte. Ein altes Bonmot besagt, die Wiener akzeptierten nur zwei Arten von Bürgermeistern: einen Grandseigneur, zu dem man aufblicken könne, und einen hemdsärmeligen Kumpel-Typ, mit dem man sich identifizieren könne. Körner war auf seine Art beides. Mit seiner aristokratischen Erscheinung – hoch gewachsen, schlank, markanter weißer Bart, stechender Blick, kerzengerade Haltung – wirkte er wie ein Ersatzkaiser, und mit seiner Bescheidenheit, seiner Milde und seiner herzensguten, humorvollen Art galt er der Wiener Arbeiterschaft als einer der ihren. Mutterwitz, gepaart mit Intellektualität – das war eine Kombination, die es an der Spitze des Rathauses nur allzu selten gegeben hatte, und gerade darum ragte Körner so nachhaltig heraus und prägte sich im Gedächtnis der Wiener ein.

An der Staatsspitze

„Ich will allen Österreichern ohne Unterschied und Ausnahme Freund und Helfer sein. Den Mitbürgern, die mich zu diesem hohen Amt gewählt haben, danke ich für ihr Vertrauen. Das Vertrauen aller übrigen Österreicher will ich mir durch unablässigen Dienst an der Gesamtheit erwerben. Vor allem: Ich werde alles daransetzen, auch als Bundespräsident den unmittelbaren Kontakt mit dem Volk nicht zu verlieren, der mir als Bürgermeister von Wien so viele glückliche Stunden bereitet hat. Wer immer nur im Büro sitzt oder im schnellen Auto durch die Straßen fährt, kann nicht erfahren, wo die Leute der Schuh drückt, und auch das gehört zu den Aufgaben des Bundespräsidenten. Ich habe die Absicht, oft in die Bundesländer zu fahren, um zu hören und zu sehen, wie es dort steht. Ich will trachten, den mir zur Wahlzeit taxfrei verliehenen Titel eines Bürgermeisters von Österreich wirklich zu verdienen."

Mit diesen Worten umriss Körner im Rahmen seiner Angelobung die Vorstellung, die er vom ersten Amt im Staate hatte. Und seine Amtsführung erwies sich bald in vielerlei Hinsicht als grundlegend anders: ein Bundespräsident, der im Gasthaus aß und sich dabei mit seinem Chauffeur unterhielt; ein Bundespräsident, der nach wie vor sein Obst selbst im Geschäft kaufte; ein Bundespräsident, der, wann immer es ihm möglich war, mit der Tramway fuhr … kurzum: ein Bundespräsident, der allgegenwärtig war.

Mit seinen Amtsräumen schien Körner nicht so glücklich zu sein. Die endlosen Flure der Hofburg waren etwas für gekrönte Häupter, nicht aber für ein Arbeitstier wie Körner. Sooft es ihm möglich war, begab er sich hinaus, um vor Ort Probleme in Angriff zu nehmen. Und wenn er schon in der Hofburg diversen Amtspflichten nachkommen musste, dann geschah es nicht selten, dass er auf dem Rückweg vom Obstladen ein paar Kinder mitnahm, die im Burggarten spielten, und ihnen in einer Privatführung die heiligen Hallen zeigte. Intensiv widmete er sich allerdings der Korrespondenz mit dem Staatsvolk. Er beantwortete alle Briefe persönlich, und wenn er einmal nicht selbst helfen konnte, dann enthielten seine Schreiben wenigstens einen Fingerzeig, wo der Ausweg aus einer Situation zu finden sein mochte.

An zwei Annehmlichkeiten führte für das Staatsoberhaupt allerdings kein Weg vorbei. Er bekam eine eigene

Amtsvilla in Döbling als Privatwohnung zugewiesen, und das ehemalige kaiserliche Jagdschloss in Mürzsteg diente ihm als Sommerresidenz. Doch es wäre nicht „der Körner“ gewesen, hätte er nicht auch mit dieser Situation nach seiner Vorstellung umzugehen gewusst. Das Obergeschoß, eigentlich als Privatrefugium gedacht, blieb unbewohnt. Er benützte nur drei Räume im Erdgeschoß. Das wuchtige Speisezimmer diente als Empfangssalon für die Gäste, die ein Bundespräsident von Amts wegen privat zu empfangen hatte. Der ehemalige Salon war nun zur Bibliothek umfunktioniert, und im ehemaligen Dienerzimmer – richtig – wurde Körners Bett aufgestellt; für den ersten Diener des Staates eine durchaus angemessene Wohnstatt, sagte sich Körner. Im Ankleideraum hingen vier Mäntel, praktisch unbenützt, und ein paar Hüte. Körner, der berühmt dafür war, niemals Hut und Mantel zu tragen, besaß diese Kleidungsstücke eigentlich nur zu Tarnzwecken. Er legte sie an, wenn er einmal unerkannt unter die Leute wollte. Das blieb freilich stets ein frommer Wunsch, denn den markanten alten Herrn erkannte auch in „Verkleidung“ jeder.

Doch auch politisch wollte Körner neue Wege gehen. Er hatte keine Lust, sich darauf zu beschränken, Neubauten einzuweihen und salbungsvolle Reden auf lokalen Messen zu halten. Zu deutlich war ihm noch in Erinnerung, wie ohnmächtig sein Amtsvorgänger Miklas 1934 dagestanden war. Er, Körner, wollte ein aktiver Bundespräsident sein, und zu diesem Zweck holte er sich einen genialen politischen Kopf in sein Kabinett: Der junge Bruno Kreisky, den Körner schon 1951 als den kommenden Mann in der Partei angesehen hatte, wurde zu seinem Politberater. Mit ihm an seiner Seite packte Körner die anstehenden politischen Probleme

Auf dem Weg zu Selbständigkeit und Neutralität: Körner im Gespräch mit US-Außenminister Dulles (l.) und dem sowjetischen Außenminister Molotow

Wiedereröffnung der Wiener Staatsoper: (v.l.) Bundespräsident Theodor Körner, Bundeskanzler Julius Raab, Bundesminister Karl Waldbrunner, 1955

mit der gleichen Entschlossenheit an, mit der er seinerzeit den Wiederaufbau Wiens in Angriff genommen hatte.

Ein Thema lag Körner dabei besonders am Herzen. Sechs Jahre lang war Österreich bereits von den Alliierten, die 1945 als Befreier gekommen waren, gleichsam besetzt. Körner verfolgte nun das Ziel, endlich die volle Souveränität für Österreich zu erlangen. Dazu freilich brauchte es auch eine in sich geschlossene Regierung, und gerade hier begann es sich Anfang 1952 zu spießen. Die ÖVP hatte ihre Niederlage gegen Körner noch nicht wirklich verwunden und wollte den konzilianten Leopold Figl, der seit Dezember 1945 als Bundeskanzler amtierte, durch den Wirtschaftsbund-Boss Julius Raab ersetzen. Zunächst wurde dieser neuer ÖVP-Obmann, und in der Koalition stieg der Druck auf Figl beständig an. So kam es pausenlos zu politischen Scharmützeln um das neue Budget, die darin gipfelten, dass Kanzler Figl und sein Vize Schärf zum Bundespräsidenten pilgerten, um dort ihre Demission einzureichen. Für diese Art der Fahnenflucht hatte der alte General keinerlei Verständnis: „Meine Herren, das stellt ihr euch zu leicht vor“, sagte er nur und verordnete der Regierungsspitze eine Nachdenkpause. Er werde erst einmal in die Bundesländer fahren, um etwa das neue Rathaus in Villach einzuweihen, und wenn er zurückkomme, dann erwarte er von den beiden Parteien, dass sie sich auf ein Budget geeinigt haben würden. Das Wort des Präsidenten war Befehl.

Mit Kreisky arbeitete er gleichzeitig an einer außenpolitischen Grundsatzrede, die er im November 1951 in Eisenstadt hielt, das nach wie vor von den Sowjets verwaltet wurde. Darin schlug er bislang ungehörte Töne an und sprach sich für ein neutrales Österreich nach Schweizer Vorbild aus. Ein kleines Land, aller Konflikte enthoben, könnte sich seiner

Sendung als Land des Dialogs und der Vermittlung widmen, könnte ehrlicher Makler zwischen den Blöcken sein, lockte Körner die Alliierten. Und diese begannen tatsächlich bald, in diese Richtung nachzudenken. Denn eigentlich hatten beide Seiten – Sowjets wie Amerikaner – ja nur die Sorge, dass Österreich dem jeweils anderen Block anheimfallen könnte. Ein neutrales Österreich aber hätte keinem der beiden Blöcke Sorgen bereitet. Und so kam endlich Bewegung in die Sache, auch wenn es noch über drei Jahre dauern sollte, bis sich die Alliierten tatsächlich dazu durchrangen, einem Staatsvertrag mit Österreich zuzustimmen.

Die Koalition hatte noch ein Jahr gehalten, doch nach den Wahlen des Jahres 1953 stand es im Ringen um eine neue Regierung wieder Spitz auf Knopf. Ursache war das Wahlergebnis: Erstmals in der Zweiten Republik hatte der Urnengang der SPÖ die meisten Stimmen beschert, wenngleich sie ob des Wahlrechts ein Mandat weniger erhielt als die ÖVP. Diese sah nun endgültig ihre Vormachtstellung schwinden und wollte zur alten Taktik des Bürgerblocks zurückkehren, wozu sie den VdU umgarnte. Doch Körner erteilte solchen Überlegungen eine klare Absage. Er werde keinen Vertreter des VdU in der Regierung akzeptieren, ließ er die Parteispitzen wissen, da für ihn noch nicht hinlänglich bewiesen sei, dass sich die führenden Repräsentanten dieser Gruppierung wirklich von ihrer Vergangenheit gelöst und sich zu echten Demokraten gewandelt hätten. Und er stellte der ÖVP unmissverständlich die Rute ins Fenster: Sollte sie nicht in der Lage sein, eine Regierung zu bilden, so werde er als Staatsoberhaupt von seinem verfassungsmäßigen Recht Gebrauch machen, den Vertreter der zweiten, nahezu gleich starken Kraft mit der Regierungsbildung zu betrauen. Körners Drohung zeigte Wirkung. Erstaunlich rasch stimmte die ÖVP der neuerlichen Bildung einer Großen Koalition zu, der nun Julius Raab als Kanzler vorstand. Dieser fand sich beim Bundespräsidenten launig mit den Worten ein: „Sappeur-Oberleutnant Raab meldet sich zur Stelle." Damit war zwischen den beiden auch das Eis gebrochen, denn Raab hatte einst unter Generalstabschef Körner am Isonzo gedient. Dennoch musste Körner eine Einbuße hinnehmen: Er verlor Kreisky an die Regierung, wurde dieser doch Staatssekretär im Außenamt, womit eine 30-jährige Politkarriere ihren Anfang nahm. 1959 sollte Kreisky zum Außenminister avancieren, 1967 zum Parteichef der SPÖ, und als Bundeskanzler würde er von 1970 bis 1983 das Land nachhaltig reformieren und zum Besseren wandeln. Körners Wort von Kreisky als dem „kommenden Mann" sollte sich also eindrucksvoll bestätigen.

Nachdem nun die innenpolitischen Wogen im Sommer 1953 wieder geglättet waren, widmete sich das offizielle Österreich mit aller Kraft dem Erringen eines Staatsvertrages zur Wiederherstellung der vollen Souveränität. Die Chancen dafür standen seit dem Frühjahr 1953 günstiger denn je, war doch im März 1953 Josef Stalin, der schier allmächtige Lenker der sowjetischen Politik, gestorben. Mit ihm sank auch sein Regime rasch ins Grab, denn die neue Führung um Nikita Chruschtschow wollte von der Konfrontation zur Koexistenz übergehen. Eine ausgezeichnete Gelegenheit dazu bot sich mit der Entscheidung um die politische Zukunft des kleinen Österreich, mit dessen Entlassung in die vollkommene Eigenständigkeit man dem Westen signalisieren konnte, dass man in eine Ära des „Tauwetters" eintreten wollte. In der UdSSR erinnerte man sich an die Initiative von Körner und Kreisky vom November 1951, und so erkundigte sich die Sowjetunion diskret bei den österreichischen Stellen, was man denn auf sowjetischer Seite unter einer solchen Neutralität zu verstehen habe. Bruno Kreisky kam daraufhin auf die Idee, den Dokumentenband über den Wiener Kongress von 1814/15 zu Rate zu ziehen, in dem die Neutralität der Schweiz erschöpfend abgehandelt wurde. Eine solche Definition von Neutralität erwies sich für die Sowjets als akzeptabel, und so konnte schließlich im April 1955 eine hochrangige österreichische Delegation, der Bundeskanzler Raab, Vizekanzler Schärf, Außenminister Figl und Staatssekretär Kreisky angehörten, nach Moskau fliegen, um dort die Verhandlungen über den Abschluss des Staatsvertrags zu einem guten Ende zu bringen. Es gelang sogar, die Sowjets dazu zu bewegen, alle ihre Truppen aus Österreich abzuziehen – ein Zugeständnis, dem sich die drei Westalliierten anschlossen, sodass Österreich ab Oktober 1955 wirklich völlig frei war. Im Mai 1955 kam es im Wiener Belvedere zu einer Feierstunde, bei der Figl mit bewegten Worten den Ausspruch tätigte: „Österreich ist frei." Bundespräsident Körner kam es zu, den Staatsvertrag für Österreich mit seiner Unterschrift zu beglaubigen, was für ihn wohl ein bewegender Moment war.

Nun, da Österreich seine volle Souveränität zurückerlangt hatte, wurde auch wieder über ein eigenes Heer zur Verteidigung dieser Souveränität diskutiert. Den Erfahrungen aus der Ersten Republik Rechnung tragend, entschied man sich schließlich für die allgemeine Wehrpflicht mit nur ganz kleinen vollberuflichen Ergänzungen. Als Grundstock für die neue Truppe diente eine schon 1952 geschaffene „B-Gendarmerie", die im Juli 1955 in das österreichische Bundesheer übergeführt wurde. Damit schloss sich für Theodor Körner ein Kreis, denn als Bundespräsident war der ehemalige Generalstabschef Oberbefehlshaber der

„Österreich ist frei!", 15. Mai 1955

Bundespräsident Körner ratifiziert mit seiner Unterschrift den Staatsvertrag

österreichischen Armee. Diese hatte noch zu Körners Zeiten ihre erste echte Bewährungsprobe zu bestehen, als im Oktober 1956 in Ungarn eine politische Krise ausbrach, die in einer militärischen Intervention der Sowjetunion mündete. Das Bundesheer wurde daher an die Grenze beordert, um dort dafür zu sorgen, dass die Integrität Österreichs nicht infrage gestellt wurde. Nebenbei sorgten die heimischen Soldaten vorbildlich für die zigtausenden Flüchtlinge, die bis Anfang November 1956 über die Brücke von Andau und an anderen Stellen die Grenze überquerten, um sich dem Zugriff der Sowjets zu entziehen. Das engagierte Verhalten der Soldaten wurde von ihrem Oberbefehlshaber denn auch entsprechend gewürdigt.

Zu diesem Zeitpunkt, im Herbst 1956, war Körner jedoch physisch schon sehr schwach. Sein körperlicher Zustand – bis weit nach seinem 80. Geburtstag vorbildlich – verschlechterte sich rapide, was sich unter anderem darin äußerte, dass er immer öfter bei offiziellen Anlässen einschlummerte. Einem Körner wurden solche „Hoppalas" freilich meist augenzwinkernd verziehen. Dies umso mehr, als auch der andere Theodor, nämlich Wiens Kardinal Theodor Innitzer, selbst nicht mehr der Jüngste, immer wieder spontanes Schlafbedürfnis an den Tag legte. Einmal erwachten beide aus einem solchen Nickerchen, und Körner meinte zu Innitzer: „Schon merkwürdig, Herr Kardinal: Sie, der Schwarze, sitzen da in Rot, ich, der Rote, in Schwarz." Mit dieser legendären Aussage spielte er auf den roten Kardinalsornat einerseits und seinen dunklen Anzug andererseits an.

Und da er auch immer schlechter hörte, legte ihm seine Umgebung nahe, sich ein Hörgerät zuzulegen. Dem Vorwurf, er höre nur noch die Hälfte, entgegnete er kurz und bündig: „Die genügt mir."

Bis zuletzt bemühte sich Körner, seinen Amtspflichten in vollem Umfang nachzukommen, wenngleich er sich dabei den einen oder anderen bissigen Kommentar nicht verkneifen konnte. Wenn er etwa mit dem Zug der Republik unterwegs war, den groß und deutlich das Wappen mit dem Adler zierte, meinte er nur: „Heute fahren wir wieder mit dem Geier."

Als es bereits so aussah, als würde Körner seine Amtszeit – im Gegensatz zu seinem Vorgänger – ordnungsgemäß zu Ende bringen können, da erlitt er einen Schlaganfall, der ihn eine Zeit lang gänzlich außer Gefecht setzte. Es folgte eine mühsame Rehabilitation, die Körner mit der gewohnten Disziplin absolvierte. Er lernte sogar, mit der linken Hand zu schreiben, um auch weiterhin Staatsakten unterfertigen zu können. So begann das Jahr 1957, in dem seine Amtszeit turnusgemäß auslaufen sollte. Am 4. Januar machte Körner wieder seine Übungen und demonstrierte den Ärzten, dass er schon wieder Stiegen steigen konnte. Doch am Treppenabsatz hatte er plötzlich einen Schwächeanfall. Mit den Worten „Es geht doch nicht so leicht" verschied er knapp vor seinem 84. Geburtstag, wenige Wochen vor Ablauf seiner Amtszeit.

Theodor Körner wurde neben Karl Renner in der Präsidentengruft am Wiener Zentralfriedhof beigesetzt. Zigtausende Menschen wohnten seinem Begräbnis bei. In den Nachrufen wurde er als ein wahrer Baumeister Österreichs gewürdigt, womit sich sein Berufswunsch aus Kindertagen schließlich doch noch bewahrheitet hatte. Mit ihm verlor Österreich eine der prägendsten Persönlichkeiten am Übergang von der Monarchie zur Gegenwart. Seine Amtsführung galt etlichen Nachfolgern – von Adolf Schärf bis Rudolf Kirchschläger – als Vorbild, dem sie nachzueifern trachteten.

Trauerzug durch die Wiener Innenstadt

IM GEDENKEN AN THEODOR KÖRNER

Das wohl bemerkenswerteste Denkmal hat sich Theodor Körner selbst gesetzt: Aus Anlass seines 80. Geburtstags stiftete er den Theodor-Körner-Preis, mit dem alljährlich junge Wissenschaftler und Künstler ausgezeichnet werden, deren Schaffen Großes für die Zukunft verspricht. Wie oft die Jury dabei richtig liegt, zeigt die mittlerweile beinahe ehrfurchtgebietende Liste großer Namen, die bislang mit dem Theodor-Körner-Preis gewürdigt worden sind. Darunter finden sich der Bildhauer Adolf Frohner, die Schriftstellerin Friederike Mayröcker, der Germanist Wendelin Schmidt-Dengler, der Maler Gottfried Helnwein, der Komponist Peter Ponger, der Schriftsteller Josef Haslinger, der Historiker Helmut Konrad, die Linguistin Ruth Wodak sowie die Schriftstellerinnen Elfriede Czurda und Barbara Neuwirth.

In Körners politischem Heimatbezirk Margareten befindet sich der Theodor-Körner-Hof, der 1951 bis 1955 auf dem Areal des ehemaligen Heu-, Stroh- und Pferdemarktes in Matzleinsdorf errichtet wurde. Vom Architekten Ladislaus Hruska geplant, nimmt der Komplex eine Fläche von nahezu sechs Hektar ein. Mit 1.356 Wohnungen, die in mehreren Blocks untergebracht sind, ist der „Körner-Hof" der größte Gemeindebau in Margareten. In seinem Zentrum befindet sich das sogenannte Matzleinsdorfer Hochhaus, das mit einer Höhe von 68 Metern der erste Wolkenkratzer Wiens war. Das 20-stöckige Gebäude mit 103 Wohnungen verfügte ursprünglich über ein Restaurant samt Aussichtsterrasse im obersten Stockwerk.

1963 wurde am Ring ein von Hilde Uray entworfenes Denkmal feierlich enthüllt. Theodor Körner steht auf diese Weise seinem Amtsvorgänger Karl Seitz gegenüber, dessen Denkmal, geschaffen von Gottfried Buchberger, ein Jahr zuvor der Öffentlichkeit übergeben worden war. Die beiden ehemaligen Bürgermeister flankieren den Hauptweg zum Rathaus und sind damit so etwas wie symbolische Wächter über das Volkshaus der Wiener Stadtverwaltung.

Zwar gibt es in Floridsdorf auch eine Theodor-Körner-Gasse, doch ist diese nicht nach dem verdienstvollen Stadtpolitiker, sondern nach dem Dichter aus der Zeit Napoleons benannt, wie dem Umstand zu entnehmen ist, dass die Gasse bereits seit 1909 so heißt. Allerdings ist diese Tatsache weitgehend in Vergessenheit geraten, denn die überwältigende Mehrheit der Anwohner geht selbstverständlich davon aus, dass der seinerzeitige Bundespräsident der Namensstifter sei.

Schließlich hat auch das österreichische Bundesheer, dessen erster Oberbefehlshaber Körner ja war, dem Präsidenten seine Reverenz erwiesen. Im 14. Bezirk, in der Hütteldorfer Straße, steht die Theodor-Körner-Kaserne, die zwischen 1875 und 1880 errichtet wurde. Ursprünglich eine Kadettenanstalt zur Heranbildung von Infanterieoffizieren, diente sie in der Ersten Republik als Bundeserziehungsanstalt für Knaben, ehe sie ab 1945 von der französischen Verwaltung als Hauptquartier genutzt wurde. Aus Anlass des zehnten Todestages von Theodor Körner erhielt die nach 1955 wieder als Kaserne genutzte Einrichtung seinen Namen und beherbergt heute passenderweise den Generalstab und zentrale Institutionen des österreichischen Bundesheeres.

ÜBER DEN AUTOR

Andreas Pittler wurde 1964 in Wien geboren und studierte Geschichte, Germanistik und Politikwissenschaft an der Universität Wien. Seit 1994 arbeitet er in der Pressestelle des Österreichischen Parlaments, seit 2010 hat er einen Lehrauftrag an der Donau-Universität Krems inne. Pittler ist Träger des „Silbernen Ehrenzeichens für Verdienste um die Republik Österreich" und Sprecher der Jury zur Vergabe des Leo-Perutz-Preises der Stadt Wien. Er veröffentlichte bislang 38 Bücher, darunter Biografien über Bruno Kreisky und Samuel Beckett, aber auch neun Romane, zuletzt „Tinnef" (2011).

PERSONENREGISTER

BILDNACHWEIS

ÖNB/Bildarchiv Wien: S. 9, S. 18 u., S. 22, S. 30 u., S. 34, S. 38, S. 43 u., S. 47, S. 50, S. 55, S. 58, S. 61, S. 65, S. 68, S. 73, S. 77, S. 79, S. 83, S. 88, S. 91, S. 93; VGA/AZ-Fotoarchiv: S. 10, S. 14, S. 18 o., S. 26, S. 30 o., S. 43 o.